Dieses Buch gehört:

_____

_____

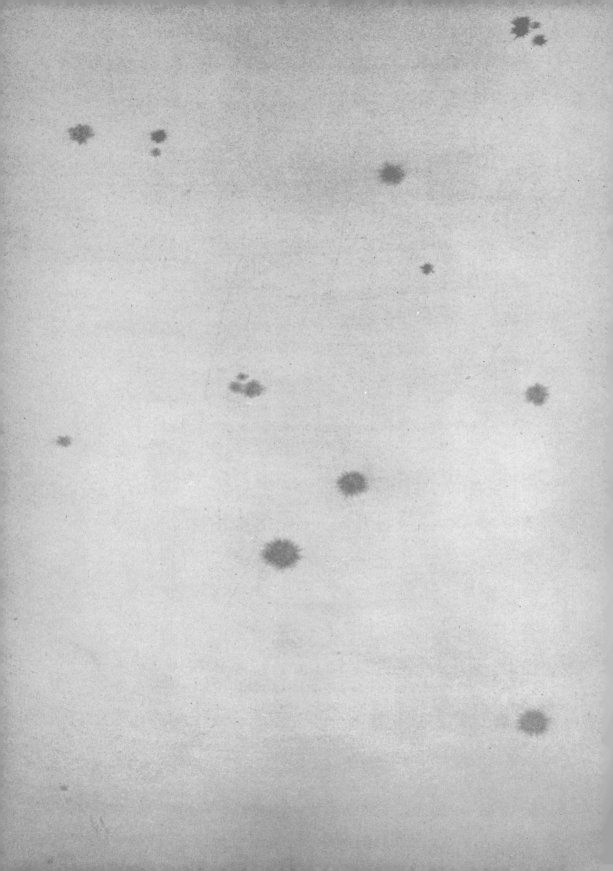

Das Kochbuch aus Basel

Gesammelt, aufgeschrieben und ausprobiert von
Frau Alex Albrecht

mit einem Vorwort von
Dr. Gustaf-Adolf Wanner

Stadtredaktor Basler Zeitung
Meister der Akademischen Zunft

verlegt von
Wolfgang Hölker

ISBN-Nr.: 3-88117-028-6
VVA-Nr.: 28000028-0
© Copyright 1977/A by Verlag Wolfgang Hölker
Münster/Zürich
Auslieferung Schweiz: Impressum Verlag AG
Schöneggstraße 35, CH-8953 Dietikon-Zürich
Alle Rechte vorbehalten
Printed in Germany
Imprimé en Allemagne
Herstellung: Druckhaus Cramer, D-4402 Greven
Buchbinderische Verarbeitung:
Klemme und Bleimund, Bielefeld

Inhalt

fig. 1	Suppen und Basler Fastnachtsspezialitäten	8–14
fig. 2	Milch- und Mehlspeisen	16–22
fig. 3	Fisch und Muscheln	24–31
fig. 4	Wild und Geflügel	34–44
fig. 5	Wurst- und Fleischgerichte	46–58
fig. 6	Gemüse	60–65
fig. 7	Saucen	68–73
fig. 8	Süßspeisen und Dessert	76–87
fig. 9	Kuchen und Gebäck	90–97
fig. 10	Basler Leckerli	98–103
fig. 11	Eingemachtes und Getränke	106–110
fig. 12	Anhang	112–117

Liebe Frau Albrecht!

Oft genug haben genußfrohe Gourmets an der Tafel Ihres gastlichen Hauses gesessen und nach leckerem Mahl in Ihrer Bibliothek noch einen Blick in Ihre prachtvolle Sammlung von Kochbüchern werfen dürfen. Und nun überraschen Sie uns heute mit einem eigenen »Kochbuch aus Basel«!
Wir sind glücklich darüber, daß Sie der Anfrage des Verlegers Folge gegeben und darin eine Fülle baslerischer Rezepte zu einem reizvollen Strauß gebunden haben, den wir mit freudigem Dank entgegennehmen.
Basel, das als Schweizer Stadt an der Grenze dreier Länder eine internationale Drehscheibe bildet, verdiente es, einmal auch unter dem Blickwinkel der Küche betrachtet zu werden. Vieles gäbe es von Speis und Trank aus der Vergangenheit unserer Stadt zu erzählen: von den Domherren des Bischofs, welche sich zu Ostern und Weihnachten durch den Dompropst an vier Tagen mit einer Folge von je neun Gängen regalieren ließen; von den mittelalterlichen Zünftern in Handwerk und Handel, welche neben des Tages ehrsamer Arbeit in frohen Gelagen auf ihren Stuben die Gaben aus Küche und Keller genossen, insbesondere den »Galrei«, jene raffinierte Gallerten-Spezialität, zu der sie sich am Beginn des neuen Jahres vereinigten; von den Akademikern, die beim Doktorschmaus die Pein des examen rigorosum vergaßen, und von den Bürgern des Dixhuitième, deren hochentwickelte Eßkultur sich auch in der reich bestückten Küche des Basler Kirchgarten-Museums spiegelt. Zu einem wesentlichen Teil dankte Basel diese Kultur den Refugianten, die im ausgehenden 16. und beginnenden 17. Jahrhundert in mehreren Wellen aus Frankreich, Italien und den Niederlanden in die alte Stadt am Rheinknie einströmten und sie durch ihre vielfältigen industriellen und kommerziellen Impulse neu belebten.
Vor allem in den gepflegten Häusern der weitgereisten Seidenbandfabrikanten, die ihre dominierende Stellung im Basler Wirtschaftsleben erst in unserem Jahrhundert an die chemische Industrie abtraten, erblühte mit Wohlstand und Reichtum auch die Freude am Behagen des Lebens und an den Genüssen der Tafel.
Wohl ist jene Epoche bereits in weite Ferne entrückt; aber lebendig geblieben ist in den alten Basler Geschlechtern ihre Tradition, auch

ihre Tradition in der Küche. Sie hat ihren Niederschlag gefunden in zahllosen Rezepten, die eine Generation an die andere weitergegeben hat. Diese von Familie zu Familie vielfach variierenden Rezepte haben Sie, liebe Frau Albrecht, glücklich auf einen gemeinsamen Nenner gebracht. Sie haben teilweise auch etwas modernisiert und vereinfacht im Gedanken an die Hausfrau von heute, die nicht mehr über die vielköpfige »Küchenbrigade« unserer Großmütter und Urgroßmütter verfügt, sondern selbst am Herd steht und mit ihrer Zeit rechnen muß. Sie wird sich freuen, Ihren kulinarischen Spuren zu folgen, die Basler Küche am Werktag wie am Sonn- und Festtag kennenzulernen, die Basler Spezialitäten wie Mehlsuppe, Zwiebelwähe und Fasnachtskiechli zu erproben, welche an den schönsten Tagen des Basler Jahres auf den Tisch kommen oder den Versuch mit Hypokras und Leckerli zu wagen, welche schon die Adventswochen mit ihrem süßen Duft erfüllen ...
Nochmals »Danggerscheen«, liebe Frau Albrecht, für Ihr köstliches Buch, das wir mit den herzlichsten Wünschen auf seinen Weg in die Welt begleiten, viel Freude für seine Leserinnen und Leser und guten Appetit allen, denen es zustatten kommt!

Ihr

Gustaf Adolf Wanner

Suppen und

fig. 1

Basler Fastnachtsspezialitäten

Tomatensuppe mit Schlagrahm

500 gr Tomaten, schöne rote, 1 Zwiebel, 2 EL Butter oder Fett, Pfeffer, Salz, Muskatnuß, Estragon, frisch oder getrocknet, Liebstöckel, frisch oder getrocknet, 2 EL Mehl, 1 EL Petersilie, gehackt, 2 Suppenwürfel, 2 dl Schlagrahm

Tomaten in kleine Würfel schneiden, die Zwiebel und den Liebstöckelzweig feinhacken.
Gemüse im Fett andünsten, mit dem Mehl bestäuben, würzen, dann 1 l Wasser dazugeben und ein bis zwei Suppenwürfel. 30 Min. auf lebhaftem Feuer kochen lassen. Abschmecken. Die Suppe soll kräftig sein. (Falls man keine frischen Tomaten hat, können auch gut Büchsentomaten verwendet werden.) Nun wird die Suppe durch ein Sieb getrieben, mit Schlagrahm serviert; in jeden Teller kommt ein Löffel voll, auf den man die gehackte Petersilie streut.

Wildsuppe

Karren von Reh oder Hase, Wildabfälle, 20 gr Butter, 2 EL Mehl, 1 Zwiebel, 2 Rüebli, 1 Lauchstengel, Lorbeerblatt, Salz und Pfeffer, 1 Suppenwürfel, 1 dl Rahm nach Belieben, Brotwürfeli

Das Mehl wird in der Butter geröstet, bis es schön braun ist. Dann 1 l Wasser beigeben sowie Knochen, Gemüse und Suppenwürfel, würzen. Die Suppe wird 1 Stunde gekocht. Das Fleisch von den Knochen lösen und, in kleine Würfel geschnitten, in die Suppenschüssel geben. Nun wird die Suppe darüber passiert und der Rahm zugegeben.
Dazu servieren wir kleine, im Fett gebratene Brotwürfeli separat.

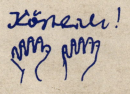

Fasnachtszeit

Im einst sehr protestantischen Basel beginnt die Fasnacht erst in der Woche nach dem Aschermittwoch – also eine Woche später als in den katholischen Gegenden. Frühmorgens um 4 Uhr, erstmals 1834, werden in der Innenstadt sämtliche Lichter gelöscht. Mit dem Glockenschlag beginnt der Marsch zum Marktplatz. Aus allen Gassen nähern sich die Cliquen (Fasnachtsgesellschaften) mit ihren hell erleuchteten Laternen, die Bilder des Geschehens im vergangenen Jahr zeigen, Politik, Prominenz, Bürger und Volk werden ausgespielt, niemand wird geschont. Die imposanten Züge mit Trommlern und Pfeifern schlagen ihre Märsche im wilden Durcheinander. Tausende von Menschen bewegen sich zum Marktplatz. In allen Gaststätten wird seit 1861 in dieser Morgenfrühe Mehlsuppe (s. S. 12), Zwiebelwähen (s. S. 14), Käsewähen (s. S. 13), Kaffee, Wein und Bier serviert. Dieser Brauch aus der Mitte des letzten Jahrhunderts hat sich jedes Jahr verfeinert und kein echter Basler wollte da nicht dabei sein. Gegen 7 Uhr wird es stiller, und jeder geht wieder seiner gewohnten Arbeit nach. Am Nachmittag wirbeln die Trommeln von neuem.

Fasnachts-Mehlsuppe

100 gr Mehl, 1 EL Fett oder Butter, 1 Zwiebel, 1 l Wasser, 1 Kalbsfuß und Knochen, Salz und Pfeffer, 1 Fleischbrühwürfel, 100 gr Käse

Mehl in Fett oder Butter anrösten, bis das Mehl schön braun ist. Die Zwiebeln feingehackt dazugeben, Wasser langsam beigeben, rühren. Es darf keine Knollen bilden. Kalbsfuß, Knochen, Salz und Pfeffer beigeben. Fleischbrühwürfel dazugeben und mindestens eine Stunde kochen lassen. Der Käse wird gerieben und separat dazu serviert.

Heerlig   in e kalte Buch

Fasnachts-Kiechli

wie die wohl schmecken?

5 Eier, 60 gr Butter, 6 EL Rahm, 1 EL Zucker, 1 Prise Salz, 500 gr Mehl, Backöl oder Fett, Staubzucker

Die ganzen Eier mit Salz, Zucker, flüssiger Butter und dem Rahm schlagen, die Hälfte des Mehls beigeben und gut vermengen. Darauf den Teig aufs Wirkbrett nehmen und das restliche Mehl hineinarbeiten. Den Teig tüchtig klopfen und 1–2 Stunden an der Wärme ruhen lassen.
Nun werden nußgroße Stücke geschnitten und einzeln auf bemehltem Brett so dünn wie möglich ausgewallt. Hernach ausziehen, bis man »durch sie hindurch lesen« kann. Auf ein ausgebreitetes Tuch legen, bis alle Plätzchen bereit sind.
In heißem Fett schwimmend hellgelb backen, mit 2 Holzlöffelstielen umdrehen, sorgfältig herausnehmen und noch warm mit einem feinen Sieblein mit Staubzucker überstreuen.

Käsewähe

*Geriebener Teig (s. S. 18);
100 gr Emmentaler Käse, gerieben, 50 gr Sbrinz oder
Parmesan Käse, gerieben, 1 EL Mehl, 3 Eier, Salz,
Pfeffer, 2 dl Milch, 1 dl Rahm*

Den Teig 2 mm auswallen und auf ein rundes Kuchenblech legen. Blech vorher gut bebuttern.
Der Teig wird oben umgelegt, damit er einen dickeren Rand bildet. Das Kuchenblech mit dem Teig kaltstellen.
Inzwischen bereiten wir die Füllung zu:
Mehl, Milch und Rahm zu einem glatten Teiglein rühren, Eigelb und Käse beifügen, Salz und Pfeffer dazugeben und abschmecken. Eiweiß leicht schlagen, bis es Bläschen gibt, unter die Masse rühren und sofort auf den Teigboden geben und in mittelheißem Ofen 25 Min. backen. (Wird das Eiweiß zu Schnee geschlagen, so wird der Kuchen zu trocken.)

Fastenwähen

*500 gr Weißmehl, 1 TL Salz, 15 gr Bierhefe, 1 TL
Zucker, 100 gr Butter, 2½ dl Milch, 1 Eigelb, Kümmel*

Mehl in eine Schüssel geben. Hefe mit dem Zucker auflösen. Salz darüber streuen. In der Mitte des Mehls eine Mulde bilden, die aufgelöste Hefe hineingeben. Butter schmelzen, mit der Milch abkühlen und zum Mehl geben. 10 Min. von Hand tüchtig durchkneten. Heben lassen. Nach einer Stunde, welche der Teig zugedeckt an der Wärme zugebracht hat, wird er 1 cm dick ausgewallt und in 10 cm lange Rauten geschnitten, mit einem Schlitz in der Mitte. Diese Rauten werden auseinandergezogen und über die Öffnung ein Kreuz aus Teig gelegt. Die Fastenwähen werden auf ein gut bebuttertes Blech gelegt, mit einem Tüchlein zugedeckt. Nochmals an der Wärme eine Stunde heben lassen. Dann werden sie mit einem Eigelb bestrichen und mit Kümmel bestreut. Gebacken wie ein üblicher Hefeteig.

Zwiebelwähe

Geriebener Teig (s. S. 18);
4 Zwiebeln, 3 dl Milch, 2 Eier, 3 dl Rahm, Salz,
Pfeffer, 1 EL Mehl

Die Zwiebeln in Streifen schneiden und in Milch weichkochen.
Eier, Rahm, Salz, Pfeffer und Zwiebeln mischen, das Mehl hineinrühren.
Kuchenblech mit dem Teig auslegen, Zwiebelteiglein daraufgießen und 30 Min. bei mäßiger Hitze backen.

Notizen & weitere Rezepte:

fig. 2

Milch- und Mehlspeisen

Geriebener Teig

250 gr Mehl, 80 gr Butter, in kleine Stückli schneiden, 1 KL Salz, ½ dl Essig (weißer), 1 KL Backpulver, ½ dl Wasser

Mehl und Backpulver auf das Wirkbrett, Butterstückli darauf verstreuen, mit den Händen verreiben. Salz, Essig und Wasser darunter mengen und wenig kneten, doch soll der Teig schön glatt sein. Vor dem Verwenden 1 Stunde in den Eiskasten stellen.

Brotküchli

1 kg Mehl, 50 gr Butter, 1 Ei, 1½ dl Milch, 2 EL Hefe, 1 EL Zucker zum Auflösen, Salz

Mehl in die Schüssel sieben, Salz und Hefe-Zuckermischung in die Mitte des Mehls geben. Butter in der heißen Milch schmelzen lassen, diese abkühlen. Ei und die Butter mit der Milch zum Mehl geben und einen guten Hefeteig machen. Diesen, zugedeckt mit einem Tüchlein, an warmem Ort aufgehen lassen.
Eigroße Stücke abschneiden und in schwimmendem Fett backen. Diese Küchli sind gut als Nachtessen mit Spinat oder auch zu Kompott.

Ofenküchli

1 dl Wasser, 50 gr Butter, 1 Prise Salz, 100 gr Mehl, 3–4 Eier (je nach Größe)

Wasser, Butter und Salz miteinander aufs Feuer geben, bis die Butter verläuft und schäumt. Das Mehl dazugeben, rühren, bis sich der Teig von der Pfanne löst. Vom Feuer nehmen und 1 Ei nach dem anderen dazurühren.
Mit dem Spritzsack werden runde Häufchen von 5 cm Durchmesser aufs Blech gesetzt. 15 Min. im heißen Ofen bei leicht geöffneter Tür backen lassen. Die Küchli sollen goldgelb und schön aufgegangen sein.

Ofenküchli mit Käsesauce

Käsesauce:
50 gr Butter, 2 EL Mehl, 2 dl Milch, 100 gr Emmentalerkäse, gerieben, Muskatnuß

Butter und Mehl miteinander auf dem Feuer schmelzen lassen, mit der Milch ablöschen, salzen und pfeffern, etwas Muskatnuß dazu. Käse darunterziehen. Vom Feuer nehmen.
Ofenküchli (s. S. 18) werden mit der Schere quer halbiert und mit der Käsesauce gefüllt.
Gibt ein sehr gutes Entrée mit Spinat.

Pfitzauf

100 gr Mehl, 3 Eier, Salz und Pfeffer, Muskatnuß, 3 dl Milch, 80 gr geschmolzene Butter

Mehl, Salz, Pfeffer, Muskatnuß in eine Schüssel geben, Eier einzeln hineinschwingen.
Butter zerlaufen lassen, mit der Milch abkühlen, zum Teig rühren. Nun werden kleine Kächeli (feuerfest) gut ausgebuttert und halbvoll mit dem Teig gefüllt. Gibt ca. 12 Kächeli, die aber so luftig sind, daß man pro Person gut 4 Stück rechnen muß. Im vorgeheizten Ofen 25 Min. backen. Sofort servieren.

Käschüchli

Geriebener Teig (s. S. 18);
250 gr geriebener Emmentaler, 125 gr geriebener Gruyère, 4 Eier, 4 dl Milch oder besser ½ Milch, ½ Rahm, Muskatnuß abreiben, Salz

Kleine Blechförmli werden mit dem Teig, der dünn ausgewallt ist, belegt. Mit einer Gabel Löcher stupfen. Die Hälfte des Käses trokken in die Förmli geben, die andern Zutaten gut miteinander mischen und damit die Förmchen halbvoll füllen. In guter Hitze 25 Min. backen, heiß auftragen.

„guet zum Bier..."

Käsestengeli mit Schinken

Blätterteig (s. S. 92);
100 gr Gruyère, 150 gr dünn geschnittener Schinken

Den Käse zu fingergroßen Stengeli schneiden. Jedes Stengeli in eine Scheibe Schinken und den ausgewallten Blätterteig, den wir in kleine Vierecke geschnitten haben, einrollen. 15 Min. im vorgeheizten Ofen backen.

Käsestengeli zum Bier

Blätterteig (s. S. 92);
200 gr Emmentaler, Paprika

Blätterteig wird dünn ausgewallt und in Vierecke 5 auf 10 cm geschnitten. Aus dem Käse schneiden wir kleinfingergroße Stengel, drehen sie in Paprika und rollen sie in den Teig ein. 10 Min. im heißen Ofen backen, sofort servieren. Sie dürfen nicht zu lange im Ofen sein, weil der Käse sonst bitter wird.

Schinkengipfeli

Blätterteig (s. S. 92), 150 gr Schinken, gehackt, etwas
Pfeffer, frisch gemahlen

Aus Blätterteig schneiden wir Dreiecke aus, ca. 10 cm Seitenlänge. Der Schinken wird fein gehackt und ein kleines Häufchen davon auf die Längsseite des Dreiecks gelegt. Nun rollen wir den Teig von der breiten Seite her ein und formen kleine Gipfel. 15 Min. im Ofen backen.

Schinkenomelette

4 Eigelb verklopft, 200 gr gehackter Schinken, 2 dl
Milch, Salz, Pfeffer, 1 EL Mehl, 2 EL Petersilie, ge-
hackt, 4 Eiweiß

Alles gut vermischen. Die Eiweiß zu Schnee schlagen und unter die Masse ziehen.
50 gr Butter in der großen Omelettenpfanne verlaufen lassen, Teig hineingeben und backen, bis die untere Seite goldbraun ist. Umschlagen, auf einer Platte anrichten und sofort servieren.

Sonntags-Pastetli

200 gr Blätterteig (s. S. 92), 200 gr Kalbfleisch, gehackt, 1 Ei, 50 gr Butter, ½ Zwiebel, gehackt, 1 EL Petersilie, gehackt, ½ Semmel, in Milch eingeweicht und gehackt

Das Kalbfleisch wird mit der Zwiebel und der Butter gedünstet, alle anderen Zutaten werden beigegeben.
Kleine Blechförmli werden mit Butter eingestrichen und mit ¾ des ausgewallten Teigs ausgelegt. Nun werden die Förmchen halbvoll mit der Mischung gefüllt. Mit einem Glas werden kleine Deckel aus dem restlichen Teig ausgeschnitten, mit dem Pinsel rundherum mit Wasser bestrichen und als Deckel auf die Pastetli gelegt und fest an den unteren Teig angedrückt. 15 Min. im mittelstark vorgeheizten Ofen backen.
Diese Pastetli werden mit frischen kleinen Erbsli als Vorspeise oder auch am Sonntagmorgen zum Frühschoppen serviert, was den Herren besonders gefällt.

Macaronipastete

500 gr Blätterteig (s. S. 92);
500 gr Macaroni, al dente gekocht, 250 gr Schinken, geschnetzelt, 100 gr Käse, gerieben, 1½ dl Sauerrahm, 50 gr Butter, 2 EL Paniermehl

Eine Timbalenform wird gut gebuttert und mit Paniermehl ausgestreut. Teig in 3 Teile teilen. 2 Teile werden zu einer großen runden Platte ausgewallt, größer als die Timbalenform. Diese wird damit ausgelegt, so daß der Teig oben etwas vorsteht. Füllen: abwechselnd eine Lage Macaroni, Schinken, Käse, bis alles aufgebraucht ist. Rahm und Butterflocken darübergeben. Aus dem letzten Teil Teig wird ein Deckel gewallt, darüber gelegt und gut angedrückt. Gut eine Stunde im mittelheißen Ofen backen; wenn die Timbal zu dunkel wird, mit Alufolie abdecken. Stürzen, und die Form noch einige Min. darüber lassen, sie löst sich dann besser.

Schinkenpastete

Blätterteig aus 250 gr Mehl, 250 gr Butter, sehr kalt, 1 TL Salz, 1 EL Essig, 1½ dl Wasser, Salz

im Eisschrank ruhen lassen.(s. S. 92).

Füllung: 350 gr Modelschinken mit Wiegemesser hacken, 2 EL Petersilie hacken, 1½ dl Sauerrahm, 1 Prise Rosmarin, Pfeffer aus der Mühle, 1 Eigelb zum Anstreichen

Teig zu länglichem Viereck auswallen, Schinkenmasse in länglichen Haufen in die Mitte des Teiges aufschichten, Teig von beiden Seiten einschlagen und zusammenrollen. Mit Eigelb bestreichen, mit einer Gabel einstechen, Ofen vorheizen und 25 Min. bei mittlerer Hitze backen. Sofort servieren.

Notizen & weitere Rezepte:

fig. 3

Fisch und Muscheln

ein Fischers Lieblingsspies

Aal im Rebblatt

Einen mittelschweren Aal häuten und in fingerlange Stücke zerschneiden. Salzen und pfeffern. Mit Zitronensaft beträufeln, eine Viertelstunde liegen lassen.
Rebblätter waschen. Nun die Fischstücke in diese Blätter einwickeln, mit Zahnstochern befestigen.
In großer Omelettpfanne 1 EL Butter zerlaufen lassen, die eingewickelten Fischstücke hineingeben, auf allen Seiten anbraten, bis die Blätter ganz dunkelbraun sind. Dies dauert ca. 20 Min. Sofort auf vorgewärmter Platte anrichten, mit Zitronenschnitzen garnieren und mit Salzkartoffeln servieren.

Forelle Blau

...für schöne Stunden...

Um schöne, blaue Forellen zu erhalten, verwende man nur ganz frische Fische, die ausgenommen werden, wobei man sie so wenig wie möglich berührt, damit der anhaftende Schleim nicht abgeht.

> *Sud: genügend Salzwasser, damit die Fische schwimmen, 2 dl heller Weinessig, Pfeffer, ein Rüebli und ½ Zwiebel*

Den Sud eine Viertelstunde kochen. Nun wird das Feuer so klein wie möglich gestellt. Die Fische darin 7–8 Min. ziehen lassen. Sorgfältig aus dem Sud heben, mit Zitronenschnitzen garnieren. Dazu werden Salzkartoffeln und heiße Butter serviert.

Forellen in Aspik

Frische Bachforellen werden nach obigem Rezept gekocht. Im Sud erkalten lassen.

> *½ l guter Aspik, 1 Zitrone, 3 hartgekochte Eier, 2 EL Petersilie, gehackt, 50 gr Krebsschwänze*

Die erkalteten Forellen hebt man sorgfältig aus dem Sud und übergießt sie mehrmals mit halberstarrtem Aspik. Sobald die Forellen einen dicken Gallertemantel haben und schön glänzen, werden sie auf eine Platte dressiert, mit den harten Eiern (die halbiert werden und mit Petersilie bestreut sind) und den Krebsli schön garniert.

Turbot oder Steinbutt

Dieser Fisch hat sehr schwere Gräten, darum muß man pro Person 300–350 gr rechnen, speziell, wenn man ihn als ganzen Fisch zubereiten will, wo man auch Kopf und Schwanz vom Gewicht abrechnen muß.

Der ganze Fisch wird mit der schwarzen Haut nach oben auf einen Backofengrill, der mit einer großen Alufolie belegt ist, gelegt.

Salz, Pfeffer, eine feingehackte Zwiebel, 2 EL gehackte Petersilie, 50 gr Butterflocken, Saft einer Zitrone

Der Ofen wird vorgeheizt, der gewürzte Fisch eingeschoben, bei ca. 220 Grad gebacken. Nach 10 Min. ein Glas Weißwein darübergießen und wieder 10 Min. im Ofen backen. Ständig mit dem abtropfenden Saft übergießen. Jetzt 2 dl Rahm zugeben und mit einer Alufolie zudecken. Weitere 10 Min. in den Ofen schieben. Nach 30 Min. sollte er gar sein, was man am besten durch Einstechen mit der Gabel kontrolliert. Auf einer runden Platte anrichten; der Saft wird auf lebhaftem Feuer unter ständigem Rühren zur Sauce bereitet, wobei man nochmals etwas Wein und Rahm zugeben kann. Diese Sauce wird über den Fisch angerichtet.

Hecht gespickt

Hecht ausnehmen und spicken. Dazu braucht man

100 gr Spickspeck, in schmale Streifen geschnitten, 100 gr Butter, 1 ausgepreßte Zitrone, 2 EL Paniermehl, 1 Stück Meerrettich, fein gehobelt

Den Fisch in eine feuerfeste Form legen, salzen, pfeffern, mit Zitronensaft übergießen.

Die Butter in kleinen Flocken darübergeben, und den Fisch in den vorgeheizten mittelheißen Ofen schieben. Häufig mit der heruntertropfenden Butter übergießen. Wenn der Fisch gar ist, was nach ungefähr 30 Min. der Fall ist, werden das Paniermehl und der gehobelte Meerrettich darübergestreut, die Buttersauce aus der Pfanne nochmals recht heiß gemacht und darübergegossen, damit der Rettich sich kräuselt. Ganz heiß servieren. Dies ist eine einzigartige Delikatesse, die man selten bekommt.

Lachs à la Baloise

Früher war es in alten Basler Familien Sitte, dem Hauspersonal täglich Lachs vorzusetzen, da dieser Fisch in reichlichen Mengen aus dem Rhein gezogen und von den Fischern zu niedrigem Preis feilgehalten wurde. Leider ist dies heute nicht mehr der Fall. Lachs wird seither eher bei Festessen, Taufen und ähnlichen Gelegenheiten serviert.

1½–2 cm dicke Tranchen vom Mittelstück des rohen Lachses werden gesalzen, gepfeffert, mit Zitrone beträufelt und in ausgelassener Butter auf mittlerem Feuer hellbraun gebraten. In einer anderen Pfanne werden gleichzeitig 2 in Monde geschnittene Zwiebeln in Butter braun gebraten, bis sie schön knusprig sind. Der beidseitig gebratene Lachs wird auf eine gewärmte Platte dressiert, die Zwiebeln darübergestreut. Sehr heiß servieren.

Karpfen gespickt

In vielen Basler Herrschaftssitzen gab es kleine Weiher, in welchen die Karpfen ihr Unwesen trieben. Sie nährten sich von allen jungen Lebewesen, die die Gewässer besiedelten, also auch von der Brut zahlreicher anderer Süßwasserfische.

Der Karpfen ist ein recht schmackhafter, fetter Fisch, es sei denn, er hat sein ganzes Dasein in stehenden Gewässern ohne frischen Zufluß bestritten, in welchen das Wasser einen leichten Modergeschmack angenommen hat. Wie dem auch sei, so sagt ein alter Brauch, »ist es von Vorteil, wenn man den noch lebenden Fisch 2 Tage vor dem Gebrauch in einen Bütten tue, und diesen unter einen ständig laufenden Wasserhahn placiere, damit sich der Fisch säubern kann an Leib und Seel.«

Den Fisch ausnehmen, zwei der Länge nach verlaufende Einschnitte machen, damit die Haut springen kann.

100 gr Speck, in dünne Streifen schneiden, Salz, Pfeffer, 1 Zitrone, 50 gr Butter, 50 gr Sardellenfilets, 2 EL Petersilie, gehackt

Der eingeschnittene Fisch wird auf beiden Seiten mit den Speckstreifen gespickt, gesalzen und gepfeffert. Die Sardellenfilets kreuzweise darüberlegen. Wir legen den Fisch auf ein Blech, beträufeln ihn mit Zitrone; Butterflöckchen darauf verteilen, und 30 Min. in den vorgewärmten Ofen schieben. Nach 15 Min. begieße man ihn mit einem Glas Weißwein.
Frisch gehackte Petersilie darüberstreuen, sofort mit Salzkartoffeln und Hollandaisesauce (s. S. 70) heiß servieren.

Halibut Terrine

400 gr Halibut, 3 Eiweiß, 3 dl dicker Rahm, 50 gr Butter, Salz, Pfeffer, Muskatnuß, Cayennepfeffer

Den Fisch feinhacken oder in den Mixer geben. Dann wird der Rahm halb geschlagen; die Eiweiß separat steifschlagen.
Die Butter wird schaumig gerührt, der gehackte Fisch beigegeben. Mit Salz und Pfeffer, etwas Muskatnuß und Cayennepfeffer würzen. Den Rahm beigeben, dann das Eiweiß darunterziehen. Man fülle diese Masse in eine Terrine, nicht bis zum Rand, da die Masse noch aufgeht, gebe den Deckel auf die Terrine und stelle sie in eine mit kochendem Wasser gefüllte Bratpfanne. Man backe sie im Wasserbad im heißen Ofen während 25 Min.
Einen Tag in den Eiskasten stellen. Dann eine gute Senfhollandaise dazu servieren (s. S. 71).

Miesmuscheln (Moules)

1 kg ganz frische Moules, 3 Echalotten, gehackt, 50 gr Butter, ½ l Weißwein, Thymian, Salz, Pfeffer, Saft von 1 Zitrone, 3 EL Rahm, 2 EL Mehl, 2 EL Petersilie, gehackt

Die Muscheln werden gut gewaschen, die offenen weggeworfen, bei den guten der Bart weggerissen. In eine tiefe Pfanne werden die Echalotten, Thymian, Salz und Pfeffer mit der Butter gedünstet. Muscheln hineingeben. Falls die Pfanne zu klein ist, mache man diesen Vorgang zweimal. Zitronensaft und Wein beigeben.
Die Muscheln werden zugedeckt 5 Min. gedünstet. Nun werden die einen Hälften der Schalen weggenommen und die Muscheltiere in einer Schale nebeneinander schön in eine Schüssel gelegt, zugedeckt warmgehalten. Aus dem Sud bereiten wir mit dem Mehl eine Sauce, verfeinern mit dem Rahm, leeren sie über die Muscheln, streuen die gehackte Petersilie darüber und servieren sehr heiß.

Coquilles St. Jacques

Diese Muscheln sind heute überall tiefgefroren im Handel und ergeben, wenn gut zubereitet, eine sehr delikate Vorspeise.

pro Person:
2 Muscheltiere, 1 KL Zitronensaft, 50 gr Champignons, in Scheiben geschnitten, ½ Zwiebel, feingehackt, ½ dl Rahm, Salz, Pfeffer, 1 KL Petersilie, gehackt, Cayennepfeffer, 1 Eigelb, 1 KL Mehl, 2 EL Madeira, 1 EL Butter

Wenn die Muscheltiere gefroren sind, in einem Teller auftauen. Den Saft behalten, Muscheln mit Zitronensaft beträufeln, nachher einzeln in Mehl wenden. Butter in eine Pfanne geben, Zwiebel leicht dünsten, dann zum Saft in den Teller geben. In die Pfanne wieder etwas Butter geben und die bemehlten Muscheln kurz anbraten. Muscheln in feuerfeste Form legen, mit Madeira den Bratenfond auflösen, Saft aus dem Teller dazurühren. In kleiner Schüssel Eigelb verklopfen und mit der Sauce unter Rühren vermischen. Rahm dazutun, Champignons zu den Muscheln geben und etwas Streuwürze

und Cayennepfeffer darauf streuen. Sauce darüber leeren und 10 Min. im Ofen nur recht heiß werden lassen; nicht gratinieren, weil sonst das Ei gerinnt.
Zu weißem Trockenreis servieren.

Notizen & weitere Rezepte:

Notizen & weitere Rezepte:

fig. 4

Wild und Geflügel

Hasenrücken

1 Hasenrücken, 150 gr Spickspeck, 2 Lorbeerblätter, 1 Zwiebel, 2 Rüebli, Nelken, 1 dl Rahm, kann sauer sein, 1 Glas Rotwein

Der Hasenrücken wird sorgfältig gehäutet, bis das nackte Fleisch zum Vorschein kommt, der Spickspeck in dünne Streifli geschnitten, und der Hase auf beiden Seiten des Rückens sorgfältig bespickt. In die Bratpfanne kommen die mit Lorbeerblatt und Nelke bespickten Zwiebeln, die Rüebli und der Hasenrücken, auf welchem wir einige Butterflöckli verteilen. Unter ständigem Begießen wird der Rücken 20–30 Min. gebraten. Der Fond wird mit dem Rotwein aufgelöst, mit dem Rahm verfeinert.

Hasentimbal

Vom zerlegten Hasen legen wir die Rückenstücke, die längs abgeschnitten werden, und die Filets zur Seite. Von den Schenkeln tranchieren wir auch noch ein paar gute Stücke. Nun wird mit spitzem Messer alles Restfleisch am Karren abgekratzt. Dazu werden Leber, Herz und Lunge durch die Hackmaschine getrieben.

200 gr Schinken, klein zerschnitten, 100 gr gehacktes Schweinefleisch, 250 gr Champignons, 1 Zwiebel, gehackt, ½ TL Thymian, 100 gr Speckwürfel, 500 gr Blätterteig, 2 EL Paniermehl

Zwiebel und Champignons dünsten. Speckwürfel glasig braten. Schinken, Schweinefleisch und Hasenhaché kurz mitdünsten. Mit Salz und Pfeffer und Thymian kräftig würzen, auskühlen lassen. Eine Timbalenform wird gut bebuttert und mit Paniermehl ausgestäubt. ⅔ des Blätterteigs wird rund ausgewallt und in die Form gelegt, so daß der Teig oben noch etwas vorsteht. Unten in die Form zuerst etwas Schinken, dann Champignons, dann schöne Portionenstücke vom Hasenrücken, dann Farce geben, und so wiederholen, bis alles aufgebraucht ist. Zuoberst sollte noch etwas Schinken kommen. Der Teig wird gegen die Mitte zusammengeschlagen. Aus

dem restlichen ¼ des Teiges wird der Deckel ausgewallt, rundherum mit Wasser etwas angefeuchtet, auf die Pastete gelegt und gut angedrückt. Das ist sehr wichtig, weil nachher beim Stürzen sonst der Saft ausläuft.
1½ Stunden in vorgeheiztem, mittlerem Ofen backen. Nach den ersten 20 Min. wird eine Alufolie daraufgelegt, damit die Timbale nicht zu dunkel wird.
Nun wird die Timbale auf eine runde, etwas vertiefte Platte gestürzt. Die Form lassen wir noch 5 Min. darauf, da sie sich nachher viel leichter abheben läßt. Rundherum garnieren wir mit Petersiliensträußchen.
Aus dem Hasenknochen macht man eine gute Jussauce, die separat dazu serviert wird.
Am besten paßt zur Hasentimbal gebleichter Endiviensalat oder Nüßli- und Feldsalat.

Wildschweinfilet

Das Wildschwein können wir im großen ganzen behandeln wie Schweinefleisch. Es kommt sehr auf das Alter an, aber eine junge Bache kann sehr zarte Braten liefern.

2 Filets, 1 Zwiebel, Nelken, Lorbeer, ½ Sellerie, 1 Apfel, etwas Thymian, 50 gr Fett, damit werden die gespickten Filets eingerieben, 1½ Glas Rotwein

Die beiden Filets werden schön geputzt und mit Speck gespickt. Wir legen sie mit reichlicher Bratengarnitur in die Bratpfanne. Sie werden etwa 40 Min. unter öfterem Begießen gebraten, da das Wildschweinfleisch gerne trocken wird. Nun wird der rote Wein darüber gegossen. In einer Tasse wird 1 EL Mehl mit Wein oder Wasser angerührt und dazugegeben. Die Filets werden schön angerichtet, der Apfel in die Sauce geraffelt, (aber ganz fein), die Sauce aufgekocht und durch ein Sieb in die Sauciere gegeben.

Rehrücken

Wohl die feinste Speise auf dem Tisch eines Baslers Jägers ist ein zarter Rehrücken. Die Jagdreviere umgeben unsere Stadt, teilweise liegen sie auch im Ausland. Die herrlichen Wälder vom Elsaß wie auch der nahegelegene Schwarzwald sind des Waidmanns Lust, und mancher Basler geht mit Freuden auf die Pirsch. Die Köchin erfreut sich an der Beute und gibt sich alle Mühe, einen leckeren Braten zu Tisch zu bringen.

Den Rehrücken zu beiden Seiten mit magerem Speck spicken. Pfeffern und salzen, reichlich mit Butter bestreichen, in eine Bratpfanne legen nebst üblicher Bratengarnitur. In vorgeheiztem Ofen 35–50 Min. (je nach Größe) unter öfterem Begießen braten. Den Fond mit rotem Wein auflösen und mit 1 dl Rahm verfeinern (s. Hasenrücken S. 36).

Äpfel zum Wildbret

Große Boskopäpfel, 2 Gl. Weißwein, 1 EL Zucker, Preiselbeeren

Die Äpfel werden geschält und halbiert, mit dem runden Apfelstecher das Kernhaus herausgenommen.

In der Sautière (flache Pfanne) wird der Wein mit dem Zucker aufgekocht. Die Äpfel werden mit der Höhlung nach oben eingelegt und 5 Min. verdämpft. Hernach wird in die Höhlung jedes Apfels 1 TL eingemachte Preiselbeerkonfitüre gefüllt und die Äpfel rund um die Platte des Rehrückens gelegt. Sofort servieren.

Fasan

Ein frisch geschossener Fasan wird noch auf der Jagd »ausgehäkkelt«, d. h. es werden ihm die Eingeweide entfernt. Dann sollte er je nach Witterung 8 Tage hängen, dann sauber gerupft, ausgenommen, flambiert und dressiert werden.

1 Fasan, 100 gr Magerspeck, in dünnen Tranchen, 1 Apfel, 1/2 Zwiebel, gehackt, Salz, Pfeffer, Majoran, 50 gr Butter, 1 Glas Weißwein, 1 KL Mehl, 1 Saucenwürfel

Füllung:
Apfel schälen, in dünne Streifen oder Würfeli schneiden, Zwiebel etwas dünsten, Salz und Pfeffer beigeben, Leber und Herz vom Fasan hacken und mit Apfel und Zwiebel, auch dem Majoran vermischen. Diese Füllung wird in den Fasan gestopft. Den Vogel mit der Nadel zunähen, würzen und in Specktranchen einwickeln. 1 EL Fett darauf verstreichen.
Nun wird der Fasan angebraten und in mittelheißem Ofen 3/4 Stunden gebraten. Dabei soll man ihn ständig übergießen. Dann wird der Fond in der Pfanne mit dem Wein aufgelöst und eine gute Sauce bereitet, die man mit Hilfe des Saucenwürfels etwas verstärken kann. Das Mehl (mit wenig Wein angerührt) dient zum Binden.
Der Fasan schmeckt sehr gut zu Sauerkraut oder grünem Erbsmus (s. S. 62), zudem sollte man ihn auch mit Äpfeln (s. S. 39) garnieren.

Wildente im Orangenjus

1 junge Wildente, reicht für drei Personen, 2 Orangen, Pfeffer, Salz, 50 gr Delikateßspeck in dünnen Tranchen, 2 Echalotten, 1 frisches Zweiglein Rosmarin, 2 Rüebli, 1/2 Zwiebel, Lorbeerblatt, 50 gr Fett, 1 1/2 Glas roter Wein

Die Ente wird gerupft, flambiert und ausgenommen. Herz und Leber werden feingehackt, ebenfalls die Echalotten. Das abtropfende Blut auffangen. Zur Seite stellen.

Die Ente wird gesalzen, gepfeffert und dressiert, mit Speck umbunden. Bratengarnitur dazugeben. Im mittelheißen Ofen ¾ Stunden braten. Nun wird die Ente herausgenommen und tranchiert. Die schönen Stücke werden in eine Schüssel gelegt und warmgehalten. Das Gerippe wird zerkleinert, was noch an kleinen Fleischstücken daranhängt, abgeschabt, zu Leber und Herz getan. Nun wird der zerkleinerte Karren mit der Bratengarnitur in der Pfanne mit Rotwein, Saft und abgeschabter Schale der Orangen aufgekocht und etwa 10 Min. auf dem Feuer zur Sauce bereitet. Absieben auf die Leber- und Herzmischung. Dies wird über die Entenstücke gegossen und die Ente nochmals 10 Min. in der Sauce im Ofen gebacken. Die Stücke werden schön auf einer Platte angerichtet und mit Orangenscheiben garniert.

Gefüllte Tauben

Pro Person ½–1 junge Taube.
Tauben ausnehmen, innen und außen würzen.

> *Farce:*
> 1 Semmel, in Milch eingeweicht, 1 Echalotte, gehackt,
> 1 Ei, 2 EL Rahm, Salz, Pfeffer, 1 TL Petersilie, gehackt, 30 gr Butter

Die Zutaten werden gut vermischt und in die Tauben eingefüllt. Diese werden zugenäht, mit Butter bestrichen und dressiert. 45 Min. im Ofen braten. Fond mit Wein auflösen, und etwas Rahm zugeben. Als Sauce separat servieren.
Dazu kann man lauwarmes Apfelmus servieren.

Martinsgans

> *1 junge Gans, 1 kg Kastanien, gekocht und geschält, 4 saure Äpfel in geschälten Schnitzen, 500 gr gedörrte Pflaumen ohne Stein, Salz, Pfeffer, Thymian, 1 gehackte Zwiebel, Majoran, 200 gr Hühnerleber, gehackt;*
> *½ l Weißwein für die Sauce*

Alle diese Zutaten werden in einer Schüssel gut vermischt. Die Gans

wird innen und außen gesalzen und leicht gepfeffert. Nun wird sie mit der Mischung gefüllt und zugenäht.
In den heißen Ofen einschieben und nach 10 Min. mit dem ausgelaufenen Fett übergießen. Dies viertelstündlich wiederholen. Nach zwei Stunden (mittlere Ofenhitze) wird das Fett aus der Pfanne abgegossen. Es ist später ausgezeichnet zum Braten von Kartoffeln verwendbar. Zur Gans geben wir nun den Weißwein, mit welchem sie weiter übergossen wird. Nach ca. 20 Min. ist die Gans gar. Der Bratenfond wird zur Sauce aufgelöst und separat serviert.
Grünes Erbsmus schmeckt prima dazu (s. S. 62).

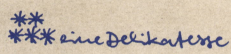

Hühnertimbal

1500 gr gebratenes Hühnerfleisch, 200 gr Schinken in Scheiben, 500 gr Blätterteig (s. S. 92), 250 gr frische Champignons, 50 gr Butter, 2 EL Petersilie, gehackt, 50 gr Speckwürfeli, Salz, Pfeffer, 3 EL Paniermehl, ½ Zwiebel, gehackt

Die Timbalenform wird gut bebuttert und mit Paniermehl ausgestäubt. Blätterteig in 3 Teile teilen. 2 Teile werden in ein großes Rund ausgewallt, ca. ¾ cm dick. Damit wird die Form ausgelegt, der Teig soll ein wenig über den Rand hinausstehen.
Der Schinken wird in kleine Viereckli geschnitten, eine Schicht in die Form gegeben. Die Champignons werden in Scheibli geschnitten, mit Speck und mit der Zwiebel in Butter gedünstet, gewürzt. Davon wird ein wenig über den Schinken gestreut. Das Huhn wird tranchiert, die Brust in 4 schöne Stücke (ohne Knochen) nun in die Form gelegt. Dann folgen wieder etwas Schinken, Champignons, Petersilie und wieder ausgebeinte Hühnerstücke. Abwechselnd, bis alles aufgebraucht ist. Aus dem letzten Drittel Teig wird der runde Deckel ausgewallt. Der Teig in der Form wird hereingeschlagen und nun der Deckel rundherum mit Wasser befeuchtet, daraufgelegt und gut angedrückt. Die Timbal wird 1½ Stunden gebacken. Sollte sie

zu dunkel werden, wird sie mit einer Alufolie abgedeckt. Zum Servieren wird sie gestürzt, doch soll die Form noch einige Minuten darauf bleiben, damit sie sich setzt. Dann sorgfältig abheben und sofort servieren. Am Tisch wird mit einem spitzen Küchenmesser rundherum der Boden, der nun den Deckel bildet, herausgesägt und die Timbal in Schnitze geteilt, damit sich die Gäste besser bedienen können.

[handschriftlich: Huhn vom Markt]

Suppenhuhn

1 Suppenhuhn, 2 l Wasser, ½ l Weißwein, Salz, 3 Lorbeerblätter, 2 Rüebli, ½ Lauchstengel, ½ Zwiebel, 5 Pfefferkörner, 5 Gewürznelken

Alles miteinander aufkochen, dann das Huhn hineingeben und zugedeckt 2–2½ Std. kochen lassen (evtl. 45 Min. im Dampfkochtopf). Huhn herausnehmen und auf warmer Platte schön zerschnitten anrichten.

Sauce:
50 gr Butter, 2 EL Mehl, 1 Eigelb, 3 EL Rahm

Sauce aus Butter, Mehl und Hühnersud bereiten, das mit dem Rahm verrührte Eigelb dazuschwingen. Diese Sauce zum Kochen bringen und heiß über das tranchierte Huhn gießen.
Reis dazu servieren.
Rest vom Sud absieben und später als Suppe verwenden.

Geflügelterrine

350 gr Geflügelfleisch, ohne Knochen und Haut, 250 gr Schweinefleisch, gehackt, 100 gr Magerspeck, in kleine Würfeli geschnitten, 100 gr Geflügelleber, gewürfelt, 50 gr Pistazien, geschält (in heißes Wasser legen), 2 EL Petersilie, gehackt, 2 EL Butter, 2 Eier, 2 EL Cognac oder Branntwein, 1 Orangenschale, abgerieben, Salz, Pfeffer, Rosmarin, 1 Lorbeerblatt, ½ Zwiebel, sehr fein gehackt

Geflügelleber mit Pfeffer und Orangenschale bestreuen. Mit Cognac übergießen und kaltstellen.

Pouletfleisch und Schweinefleisch durch die Hackmaschine treiben. Zwiebel und Petersilie mit Butter kurz dämpfen und Leber dazugeben, 5 Min. dünsten.

Hackfleisch, Cognacmarinade, Leber und die zwei Eier zusammenrühren, geschälte Pistazien und Rosmarin dazugeben, salzen und pfeffern.

Alles gut vermischen und in eine Terrine mit Deckel füllen (ist kein Deckel vorhanden, mit doppelter Alufolie abdecken). Terrine in Alufolie einpacken, ein kleines Loch mit der Gabel in die Deckfolie stechen, ins Wasserbad stellen und 1½ Stunden im Ofen backen. Herausnehmen und überschüssiges Fett abschütten (sehr gut in einer Sauce verwendbar) und kaltstellen. 2 Tage ruhen lassen. Vor dem Servieren Sulze darübergeben. Diese Terrine kann gut 8 Tage im Eiskasten aufbewahrt oder sogar 4 Monate tiefgefroren werden. Mit Toastbrot und Butter servieren.

Notizen & weitere Rezepte:

fig. 5

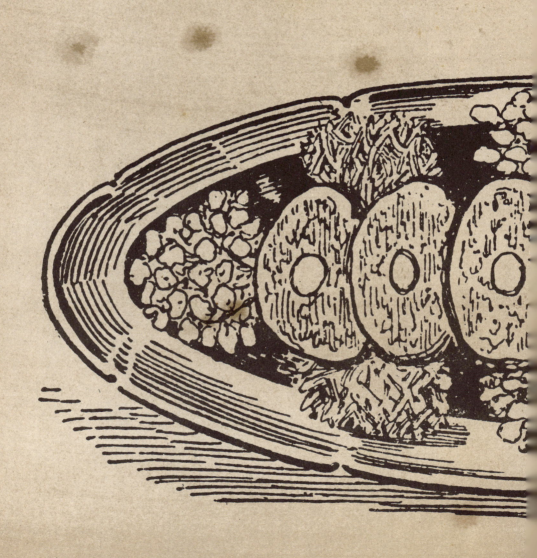

Wurst- und Fleischgerichte

Neuenburger Wurst im Teig

250 gr Blätterteig (s. S. 92), 250 gr geräucherte Schweinswurst (hier aus Neuenburg bezogen), 2 EL Petersilie, gehackt, Pfeffer, 1 Eigelb

Die Wurst wird kurz unter das heiße Wasser gehalten, geschält, mit der gehackten Petersilie »eingepudert« und mit Pfeffer aus der Mühle bestreut.
Blätterteig zu einem länglichen Rechteck auswallen, die präparierte Wurst darauflegen, beide Seiten einschlagen und den Teig rollen. Mit Teigresten schön verzieren, mit Eigelb bestreichen und 25 Min. in vorgeheiztem Ofen goldgelb backen.
Ausgezeichnet zu frischem Spinat.

Wienerli im Schlafrock

pro Person
1 Ring Wienerli (Würstchen), Senf, 100 gr Blätterteig
(s. S. 92)

Der Teig wird in Vierecke 20 auf 10 cm groß ausgewallt. Die Würstchen werden der Länge nach aufgeschlitzt und dick mit Senf gefüllt. In jedes Teigviereck wird ein Würstchen gelegt. Seitlich wird der Teig eingeschlagen und aufgerollt. 20 Min. im vorgeheizten Ofen backen.

Croustade nach Basler Art

Teig:

450 gr Mehl, 120 gr Butter, 3 EL Öl, 1½ dl Wasser, 1 EL Essig, Salz

Butter zerlaufen, aber nicht zu heiß werden lassen, da sonst der Teig zäh wird. In die Mitte des Mehls geben, Salz und andere Zutaten dazumengen, nicht kneten. 1 Stunde im Eiskasten ruhen lassen.
1 Gazeverbandstreifen 2 cm breit bereitlegen.

Füllung:

250 gr feine Trüffelleberwurst, 200 gr Bratwurstbrät, 150 gr Schinken, in Stängeli geschnitten, 5 Cornichons, 1 KL Zitronensaft, Pistazien, Kapern, Trüffeln, je nach Geschmack, 1 l Sulze

²/₃ des Teiges wird ³/₄ cm dick ausgewallt und die bebutterte, mittelgroße (ca. 22 cm ⌀) Springform damit ausgelegt. Nun wird die Füllung lagenweise abwechselnd eingelegt. Der Gazestreifen wird locker über die Füllung hin und her gelegt. Am Ende des Streifens einen Knopf machen. Mit dem letzten Drittel Teig wird ein Deckel ausgewallt und darüber gelegt, am Rande fest angedrückt. In der Mitte der Pastete wird ein Loch gemacht und der Knopf des Gazestreifens durchgezogen. Mit Teigabfällen schön garnieren und mit Eigelb anstreichen. 1½ Stunden in mittelheißem Ofen backen. Wenn die Croustade zu dunkel wird, mit Alufolie abdecken. Der Gazestreifen wird herausgezogen, so lange er noch heiß ist, anschließend kalt werden lassen. Am nächsten Tag mit halbflüssiger Sulze füllen. Diese Croustade ist nahrhaft und reicht gut für sechs Personen.

Schinken mousse

250 gr gekochter Beinschinken, durch die Hackmaschine gelassen, ½ TL Worcestersauce, Salz und Pfeffer, 1 TL gehackte Petersilie, 2 dl Fleischgallerte (Sulze), 2 dl Rahm, geschlagen

Sulze auflösen, doch darf sie nicht mehr warm sein. Schinken, Petersilie, Salz u. Pfeffer dazugeben, abschmecken. Es darf gut gewürzt sein. Nun wird der geschlagene Rahm sorgfältig daruntergezogen und die Masse sofort in eine runde Schüssel gefüllt. Sie soll bis zuoberst voll sein. Einen halben Tag in den Eiskasten stellen und gestürzt servieren.

Schinken Terrine

Für eine Form mit ca. ¾ l Inhalt
1 Weggli, 200 gr Schinken, gehackt, 150 gr Schinken und 100 gr Spickspeck, in Würfeli geschnitten, 1 kleine Zwiebel, gehackt, 2 EL Senf, 1 EL Provencekräuter, 1 dl Portwein, Salz, schwarzer Pfeffer, 1 Ei, 2 Cornichons

Kräuter in Port einlegen.
Weggli in heißer Milch oder Bouillon einweichen. Zwiebel, Senf und Ei mit dem weichen Brötchen verrühren. Gehackter Schinken, Speckwürfeli, Port und Kräuter beigeben. Mit Salz und Pfeffer würzen, die Cornichons in Rädchen geschnitten daruntermischen. Nun wird alles in die Terrine eingefüllt. Mit Speck abdecken, und oben 1 Lorbeerblatt darauflegen. Form schließen, evtl. mit doppelter Alufolie zubinden, falls kein Porzellandeckel vorhanden ist. Ins Wasserbad stellen und 1¼–1¾ Stunden im heißen Ofen backen. Herausnehmen und kaltstellen. Sie muß mindestens 1 Tag alt sein, kann aber gut 8 Tage im Eiskasten warten.

Schweinebraten mit Zwetschgen

1 kg Schweinsziemer

wird querüber mit Einschnitten versehen. In jeden Schnitt werden 2 gedörrte, entsteinte Zwetschgen gestopft, so tief wie möglich. Salzen, pfeffern, mit etwas Majoran bestreuen, mit wenig Fett bestreichen. Mit Bratengarnitur:

2 Rüebli, 1 Zwiebel, mit Lorbeer u. Nelken gespickt, 1 Lauchstengel

in die Bratenpfanne geben.
Der Braten kann auch gut in einer Bratfolie gebraten werden, in welche man ebenso die obenerwähnten Zutaten gibt.
1 Stunde im heißen Ofen braten, Jussauce dazu servieren.

Kalte Pastete

1 kleines Schweinsfilet wird der Länge nach geteilt und für 1 Tag in die Weinbeize gelegt.
500 gr Blätterteig (s. S. 92)
Beize:
½ l Weißwein, ½ Zwiebel, Lorbeer u. Nelken zum Spicken, 2 Rüebli
Farce:
250 gr Schweinsbratwurstbrät, 250 gr gehackter Schinken, 100 gr Speckwürfeli, 2 EL gehackte Kräuter, Majoran, Thymian, Petersilie, Salz, Pfeffer, 200 gr gekochte Zunge am Stück, in Würfeli geschnitten, 50 gr Cornichons, 50 gr Pistazien, geschält (nach Belieben)

Eine längliche Cakeform wird mit ½ cm dick ausgewalltem Blätter- oder geriebenem Teig ausgelegt (Blätterteig ist feiner). Unten in die Form geben wir von der gut gemischten Farce. Dann 1 Stück Filet, Zungenwürfeli, Cornichons und Pistazien, Farce, Filet, Grünes und zuoberst Farce, bis alles aufgebraucht ist. Dann wird ein Teigdeckel daraufgelegt, den man gut andrücken muß. Mit Teigresten garnieren wir diesen und bepinseln ihn mit Eigelb. Mit dem Finger bohren wir 2 tiefe Löcher in den Deckel, in welche wir aus Papierröllchen Kamine formen, damit der Dampf entweichen kann. 1½ Stunden im vorgeheizten, mittelheißen Ofen backen. Sollte die Pastete zu dunkel werden, wird sie mit Alufolie abgedeckt.
Nach dem Backen werden die Papierkamine sofort entfernt. Die Pastete in der Form erkalten lassen.
Am nächsten Tag wird durch die Kaminlöcher eine gute, mit Weißwein abgeschmeckte Sulze eingefüllt, nochmals einen Tag im Eiskasten ruhen lassen. Wichtig ist, daß der Teig in der Form und der Deckelteil gut miteinander verklebt sind, sonst fließt der Saft und nachher die Sulze aus, auch läßt sich die Pastete dann sehr schlecht schneiden.
Cumberland Sauce dazu servieren (s. S. 70).

Kann Tag vorher gemacht werden!

Glasierte Milken

Nur schöne, ganze Milkenstücke, genannt »Nuß«, 200 gr Milke pro Person, einige Rüebli, 1 mit Lorbeerblatt und Nelken gespickte Zwiebel, Salz, Pfeffer, 150 gr Butter, 3 EL Essig; ½ l Bratenjus

Reichlich Wasser, Salz und Essig werden aufgekocht. Die Milken hineingeben und 15 Min. ziehen lassen. Die Milken herausnehmen und sorgfältig schälen, sie dürfen nicht auseinander gerissen werden, sondern sollen schöne, runde Stücke bleiben. Diese werden in die flache Pfanne gelegt, gesalzen und gepfeffert, die Bratengarnitur wird dazu gelegt und 100 gr Butter in Flocken darüber gegeben. Im mittelheißen Ofen während 45 Min. braten, ständig übergießen. Sie dürfen ja nicht trocken werden. Dann ½ l guten Bratenjus darübergeben, wieder übergießen, nochmals Butterflocken aus dem Rest Butter darauf verteilen und eine weitere Viertelstunde glasieren. Die Milken sollen schön braun und die Sauce sämig sein. Dieses Gericht wird mit Luftreis serviert.

Falsche Austern

300 gr Milken, 200 gr frische Champignons, 100 gr Speckwürfeli, 50 gr Butter, Salz, Pfeffer, etwas Küchenkräuter, gehackt, 2 EL Petersilie, gehackt, 2 EL Echalotten, gehackt, ½ EL Paniermehl oder Brösel, 1 EL Essig, 50 gr Sardellenfilets

Eine Pfanne mit Essig, viel Wasser und Salz wird zum Kochen gebracht, die Milken hineingegeben, 15 Min. ziehen lassen. Dann werden die Milken herausgenommen und geschält, in fingerhutgroße Würfel geschnitten.
4 Muschelschalen werden mit Butter ausgestrichen. Die Champignons werden geputzt und in Scheiben geschnitten. Etwas Butter in eine flache Pfanne geben, Echalotten glasig braten, Champignons beifügen, kurz dünsten. Die Milken werden in die Muscheln verteilt, Champignons darüber gegeben. Pfeffer, Salz u. Küchenkräu-

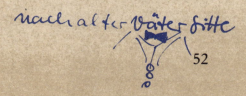

wirklich e Delikatesse (*****)

ter darauf streuen. Sardellenfilets feinhacken, darüber verteilen. Petersilie, Speckwürfeli, Brösel und Butterflocken darübergeben und 15 Min. in vorgeheiztem Ofen backen.

Lamm Gigot

*1 Lammkeule, Rosmarin, womöglich frisch, Fett,
1 Knoblauchzehe, Salz, Pfeffer, Senf*

Die Keule wird mit dem Knoblauch eingerieben, hernach mit gutem, französischem Senf bestrichen, in Salz, Pfeffer und gehacktem Rosmarin gewendet, einige Fettflocken darauf verteilt und in den heißen Ofen geschoben. Auf mittlere Hitze reduzieren, ständig begießen und 45–60 Min., je nach Größe des Gigots, braten. Den Fond mit etwas Rotwein und Bouillon auflösen und eine gute Sauce bereiten.

Papiermanchette, zum Servieren von Rehschlegel, Lammkeule oder auch Wildenten.

Wir nehmen ein weißes, etwas steifes Papier, 25 × 30 cm und legen es der Länge nach, wie nebenstehend gezeigt, zusammen. Nun werden von beiden Seiten ½ cm weit auseinander Einschnitte bis fast zur Mitte gemacht, dann das Papier auseinander gefaltet und, wie auf dem zweiten Bild, umgedreht wieder zusammengefaltet.
Nun wird aus dem so präparierten Papier eine Rolle gemacht, die mit einem Seidenband um die Keule, oder was wir zu garnieren haben, gebunden wird. Diese Manchette soll vor dem Beschmutzen der Hand beim Tranchieren schützen und sieht auch sehr elegant aus.
Für Geflügelmanchetten wird das Papier entsprechend kleiner gewählt.

Kalbsvögel

Dünne Kalbsplätzli, langfaserig, geschnitten, am besten vom Stotzen, 1 Weggli, in Milch eingeweicht, ½ Zwiebel, gehackt, 50 gr Speckwürfeli, 1 EL gehackte Petersilie, Salz, Pfeffer, 1 Ei, 1 mit Lorbeerblatt und Nelken gespickte Zwiebel, gutes Kalbssaucenbein, 1 Glas Wein

Plätzli salzen und pfeffern.
Weggli verrühren und mit den andern Zutaten mischen. Diese Füllung wird auf die Plätzli gestrichen (wie ein Butterbrot), diese werden zusammengerollt und mit zwei hölzernen Zahnstochern festgehalten. In der Bratpfanne braten wir zuerst die Knochen und die gespickte Zwiebel an, nehmen alles heraus, sobald die Knochen schön Farbe angenommen haben. In der gleichen Pfanne braten wir die inzwischen vorbereiteten Vögel an, bis sie auch schön braun sind. Dann geben wir die Knochen wieder dazu und löschen mit 1 Glas Wein und 3 dl Wasser ab. Die Pfanne wird zugedeckt und das Gericht so 1 Stunde auf kleinem Feuer gedünstet. Die Knochen werden herausgenommen, die Zahnstocher herausgezogen, die Vögel in einer tiefen Platte angerichtet und die Sauce darüber gesiebt. Ausgezeichnete Speise zu Kartoffelstock.

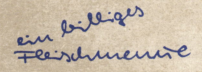

Hackbraten

200 gr gehacktes Ochsenfleisch, 200 gr gehacktes Schweinefleisch, 100 gr Speckwürfeli ohne Knorpel, ½ gehackte Zwiebel, 1 geraffelter Apfel, Salz, schwarzer Pfeffer aus der Mühle, 1 EL gehackte Kräuter, Petersilie u. a. Kräuter

Alles gut vermischen und zu einem länglichen Braten formen. Mit 1 EL Fett bestreichen und 30 Min. im vorgewärmten Ofen braten.

Hirn in schwarzer Butter

*1 Kalbs- oder Ochsenhirn, Salz, 2 Rüebli, 1 Zwiebel,
½ Lauchstengel, Lorbeerblatt, 4 Pfefferkörner, 2 EL
Essig*

Aus obigen Zutaten macht man einen Sud mit 1 l Wasser. Wenn er 10 Min. gekocht hat, legt man das Hirn sorgfältig hinein und läßt es auf kleinstem Feuer 15 Min. ziehen. Mit dem Schaumlöffel herausnehmen und auf der Hand sorgfältig häuten. Alles gestockte Blut entfernen. Das Hirn darf nicht zerfallen.
2 EL Butter in die flache Bratpfanne geben, das Hirn hineinlegen und unter ständigem Begießen hellbraun werden lassen.
Dies kann auch im Ofen gemacht werden.
Am besten schmeckt das so gebratene Hirn auf einer Platte von Blätterspinat umgeben und mit der Butter aus der Pfanne übergossen.

Hirn in Kächeli

*1 Kalbs- oder Ochsenhirn, 50 gr Sardellenfilets, klein
zerschnitten, 50 gr geriebener Parmesankäse, 2 EL
gehackte Petersilie, 2 EL Paniermehl, 50 gr schaumig
gerührte Butter, 1 EL gemahlene Mandeln*

In die schaumig gerührte Butter geben wir alle Zutaten, dann wird das Hirn sorgfältig in kleine Würfel geschnitten und auch daruntergemischt. Aufpassen, daß es nicht zu Brei wird. Diese Masse wird in kleine Portionenkächeli gefüllt und 10 Min. im Ofen aufgezogen.

Suppenfleisch

In alten Basler Familien wurde noch bis zu Anfang dieses Jahrhunderts täglich mittags Suppenfleisch serviert. Danach folgte erst die richtige Speise, das heißt der Hauptgang. Da heutzutage alle Leute auf ihre Linie schauen und emsig Diät halten, wird das Suppenfleisch nur noch einmal pro Woche zum Mittagessen serviert.
Am besten wähle man beim Metzger 1 kg vom Schwanzstück oder von der Schulter, auch das weiße Stück ist sehr beliebt, doch manchmal etwas trocken.
Man bereite den gleichen Sud wie beim Suppenhuhn (s. S. 43) angegeben und koche das Fleisch 2 Std. auf schwachem Feuer. Die letzten 5 Min. gebe man das Markbein dazu, das mit dem Fleisch serviert wird, ebenso die gekochten Gemüse.
Zum Suppenfleisch werden Beilagen serviert (s. S. 57/58). Auch eine Senfsauce oder Meerrettichsauce schmeckt vorzüglich.

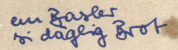

Beilagen zum Suppenfleisch

Essigzwetschgen

Tadellose Zwetschgen nehmen.

1 kg Zwetschgen, 6 dl Weinessig, 1 kg Zucker, 10 gr Zimt, 5 gr Nelken

Essig, Zucker und Gewürze werden während einer Viertelstunde gekocht.
Die Zwetschgen werden unterdessen sauber abgerieben und mit einer dicken Nadel ringsum eingestochen. Dann werden sie in den Essigsaft gegeben und zum Kochen gebracht. In einer Schüssel über Nacht ruhen lassen. Am nächsten Tag wird der Saft nochmals aufgekocht und sorgfältig über die Zwetschgen geleert. Dies wiederholt sich drei Tage lang. Dann wird die ganze Sache in einen steinernen Topf oder in Gläser getan, diese werden zugebunden wie bei Konfitüre. Hält mehrere Monate im Keller.

Eiersalat

Eier werden in 7–8 Min. hartgekocht und sofort unter kaltes Wasser gelegt, damit sie sich gut schälen lassen. Dann werden sie in Scheiben geschnitten und in ein Schüsselchen gegeben. Darüber wird viel gehackte Petersilie gestreut und eine kräftige Salatsauce (mit viel Senf darin) darübergegossen.

Gurkensalat

Gurken werden in möglichst dünne Scheiben gehobelt, 1 EL Dillspitzen darangetan und dann die Salatsauce darübergegeben.

Rettichsalat

Ein weißer Bierrettich wird fein geraspelt, dazu ein großer Apfel. Beides zusammen wird als Salat angemacht.

Selleriesalat

Sellerie in feine Streifen hobeln, in die Salatsauce ein Eigelb einrühren und einige Nußkerne beigeben.

Notizen & weitere Rezepte:

fig. 6

Gemüse

Grünes Erbsmus

1 kg getrocknete Erbsen, ½ l Milch, 2 dl Rahm, 50 gr Butter, Salz, Pfeffer

Die Erbsen werden kurz gewaschen, danach in einer Schüssel mit kochendem Wasser übergossen, so daß sie 2 cm hoch überdeckt sind. Über Nacht stehenlassen. Dann werden die Erbsen gekocht (vielleicht muß man nochmals etwas Wasser zugeben, denn sie brennen leicht an) bis sie zwischen zwei Fingern zerdrückt werden können.

Nun treiben wir sie durch das Passe vite oder geben sie noch besser in den Mixer. In einer Pfanne mischen wir die Milch, Rahm und Butter, würzen mit Salz und Pfeffer, geben das Erbsmus dazu, und schwingen es tüchtig, wie Kartoffelstock.

Gefüllter Kohl

1 großer Kohlkopf, 500 gr Bratwurstbrät, 2 EL gehackte Petersilie, 1 Ei, Salz, Pfeffer, Muskatnuß, 2 kleine Semmeln, in Milch aufgeweicht u. zerdrückt

Eine runde Schüssel, in der Größe des Kohlkopfes, wird mit einer Serviette ausgelegt. Dann folgen einige der schöneren und größeren Kohlblätter, die wir im warmen Wasser gewaschen haben, damit sie etwas geschmeidig werden. Die Schüssel wird ringsum mit Blättern ausgelegt, dann werden diese Blätter mit der Füllung bestrichen, bereitet aus oben angegebenen Zutaten (die gut verrührt sind). Nun kommt wieder eine Lage Blätter, Füllung, Blätter, bis alles aufgebraucht ist. Dann binden wir die Serviette fest zusammen, übers Kreuz, damit es oben eine Schlinge gibt. Durch diese stecken wir einen Kochlöffel und hängen den Kohl in eine mit kochendem Salzwasser gefüllte Pfanne. Der Kohl wird 45 Min. gekocht und mit einer guten Tomatensauce serviert. Er wird selbstverständlich ohne Serviette auf einer Platte angerichtet.

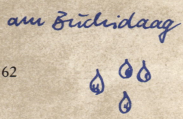

Spinatpudding

1 kg Spinat, kurz abkochen, hacken, 4 Eier, Salz, Pfeffer, Muskatnuß, 2 EL Butter

Eigelb mit den Gewürzen schaumig rühren. Spinat und Butter beigeben. Der steife Eierschnee wird daruntergezogen und alles in eine gut bebutterte Puddingform mit Deckel eingefüllt. Man lege ein Pergamentpapier darauf, schraube den Deckel fest zu, stelle die Form ins Wasserbad und lasse 1 Stunde kochen.
Die Form darf nur ¾ voll sein, da die Masse noch aufgeht. Der Pudding wird auf eine Platte gestürzt und mit einer Béchamelsauce übergossen (s. S. 70).

Laubfrösche

(einfache billige Speise)

Sehr große Spinatblätter, 2 Weggli, 1 Tasse Milch, Salz, Pfeffer, Muskatnuß, 1 EL Petersilie, gehackt, 1 EL Fett, ½ Zwiebel, 250 gr Schweinsbratwurstbrät, 1 dl Wein, 1 Ei, 50 gr Butter, 1 Tasse Jussauce, falls vorhanden

Die einzelnen Blätter werden in kochendes Wasser getaucht und einzeln auf ein Tüchlein zum Abtropfen gelegt.
Weggli in heißer Milch verrühren, Salz, Pfeffer, Petersilie zugeben. Fett in der Pfanne erhitzen, Zwiebel dünsten, Schweinsbratwurstbrät dazugeben und kurz dünsten, mit Wein ablöschen, erkalten lassen.
Ei und Fleischmasse zum verrührten Weggli geben, alles fest verrühren.
Auf jedes Spinatblatt kommt nun ein Löffel Farce, dann die Blätter zusammenrollen und satt nebeneinander in eine feuerfeste Form legen, Butterflöckli und Jussauce über die Fröschen geben und 20 Min. im mittelheißen Ofen backen.

Traum

Blattspinat, es kann gut ein Restchen vom Tage zuvor sein, 4 Eier, ½ l Milch, 50 gr Butter, Salz, Pfeffer, etwas Muskatnuß

Feuerfeste Form wird mit Butter ausgestrichen, der Spinat wird lokker darin verteilt. Eier, Milch und Gewürze werden miteinander verklopft und über den Spinat geleert. Butter in Flocken darüber gestreut und 20 Min. im Ofen überbacken.

e guet Nachtässe →

Lauchgratin

1 kg grüner Lauch, 500 gr Kartoffeln, ½ l Bouillon, 1 Lorbeerblatt, 200 gr Speckwürfel, 50 gr Butter, 50 gr Käse, gerieben

Lauch in fingerlange Stücke schneiden, in Bouillon mit dem Lorbeerblatt 20 Min. kochen. Kartoffeln schälen, in Würfeli schneiden und noch 10 Min. mitkochen lassen. Das Gemüse absieben (Wasser für eine Suppe aufbewahren).
Gemüse in eine feuerfeste Form geben, pfeffern, Speckwürfel und den Käse darüberstreuen, Butter darauf verteilen und 25 Min. im Ofen überbacken.

Spargelmiesli

1 kg grüner Spargel, 50 gr Butter, 1 EL Mehl, 2 dl Milch, 1 dl Rahm, Pfeffer, Basilikum

Den grünen Spargel waschen, schälen und in 4 cm lange Stücke schneiden, in Salzwasser weichkochen.
Aus Butter, Mehl und Milch eine Béchamelsauce zubereiten. Anschließend Rahm, Pfeffer und Basilikum dazugeben, zum Kochen bringen, dann die weichgekochten Spargeln sorgfältig daruntermischen.

Spargelaspik

5 dl Spargelwasser, 50 gr Butter, 2 EL Mehl, 2 dl Milch, 2 EL Petersilie, gehackt, 2 dl feste Fleischgallerte, 2 dl Rahm

Aus Butter, Mehl und Milch eine Béchamelsauce zubereiten. Dem Spargelwasser, das wir vom Abkochen her aufbewahrt haben, geben wir die Petersilie und Fleischgallerte bei. Den Rahm schlagen und darunterziehen, in kleine Form einfüllen, sehr kalt stellen.
Kann mit Spargelspitzen garniert und Dillspitzen überstreut serviert werden. Erfrischende Vorspeise im Frühsommer.

Champignonkuchen mit Käse

250 gr geriebener Teig (s. S. 18), 200 gr frische Champignons, in Scheiben geschnitten, 1/2 Zwiebel, gehackt, 1/2 Knoblauchzehe, gehackt, 100 gr Speckwürfeli, 2 Eier, 40 gr Butter, 1 EL Petersilie, gehackt, 1 dl Milch, 50 gr Emmentaler, gerieben

Kuchenblech bebuttern, mit dem Teig belegen. In der Sauteuse Butter, Speckwürfeli, Zwiebel und Knoblauch goldig rösten. Champignons dazu geben, salzen, pfeffern, etwas Muskatnuß beigeben. Kurz durchziehen lassen und auf den Teigboden verteilen. Eier und Milch verschwingen, Käse dazugeben und über den Kuchen verteilen. 30 Min. im heißen Ofen backen. Heiß servieren.

Gratin Dauphinois – eine Kartoffelspeise

500 gr Kartoffeln, geschält und in Scheiben geschnitten, 1/2 l Milch, 1 Ei, 60 gr Butter, 125 gr Gruyère Käse, Salz, Pfeffer, Muskatnuß, * 1 kleine Zehe Knoblauch

* aus dem Savoien

Eine reichlich bebutterte Auflauf- oder Gratinform (sie soll möglichst groß sein, damit es viel Kruste gibt) wird mit der Knoblauchzehe ausgerieben. Die mit den Gewürzen und Salz vermischten Kartoffeln einfüllen. Die Milch und das Ei werden mit der halben Käsemenge verklopft und darüber geleert. Den Rest des Käses darüberstreuen und mit Butterflöckchen belegen. 40–50 Min. goldbraun backen, der Ofen darf nicht zu heiß sein.
Mit grünem Salat ein vorzügliches Nachtessen.

Notizen & weitere Rezepte:

Notizen & weitere Rezepte:

fig. 7

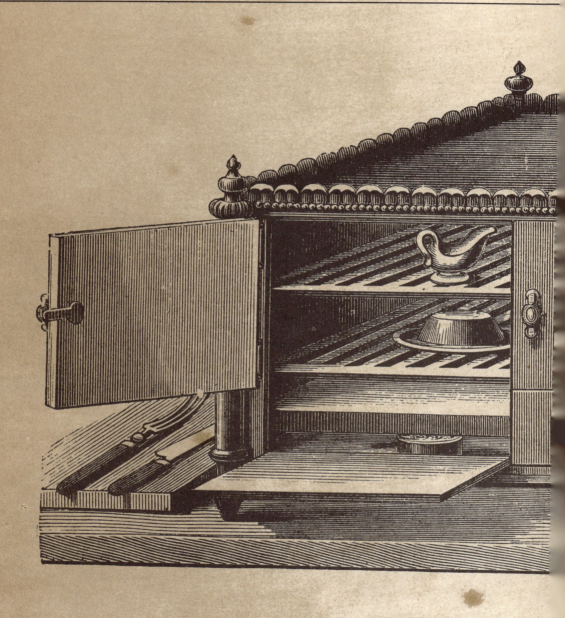

Saucen

Béchamelsauce

60 gr Butter, 70 gr Mehl, 1 l Milch, Salz, Pfeffer, Muskatnuß

Butter auf kleinem Feuer zerlaufen lassen, das Mehl darunterrühren, die lauwarme Milch dazugeben und fest mit einem Holzlöffel rühren, bis die Sauce glatt ist. Nun läßt man sie auf kleinem Feuer 15 Min. kochen. Salz, Pfeffer und Gewürze dazugeben.
Dies ist die weiße Grundsauce, die man auch weiter verwenden kann: Z. B. mit etwas geriebenem Käse vermischt, kann man aus Fischresten einen guten Fischgratin machen, indem man diese Sauce daruntermischt und in einer Gratinform oder in Muscheln eine Viertelstunde im Ofen bräunen läßt.

Cumberlandsauce

1 Glas Johannisbeergelee, 2 Orangen, 1 Zitrone, 1 EL Essig, 1 EL Senf, 5 Cardamomen (Gewürz, das sehr scharf ist), ¾ dl Madeira

Die Schalen der Zitrone und Orange werden mit einem Kartoffelschäler abgeschält, ohne daß das Weiße unter der Schale mitkommt. Aus diesen Schalen werden dünne Streiflein geschnitten und im Wasser ca. ¼ Stunde weichgekocht. Dann auf ein Sieb schütten, Wasser weggießen. Aus dem Johannisbeergelee werden schöne gleichmäßige Würfeli geschnitten, halb so groß wie ein Würfelzukker. Diese werden in die Sauciere gegeben. Die Cardamomen werden zerdrückt, mit dem Saft der Zitrone und der Orangen gemischt, Senf, Madeira und Essig beigegeben und fest verrührt. Dann werden die Schalenstreifchen dazugetan, das Ganze über die Geleewürfel geleert und so serviert.

Hollandaise

Manche unerfahrene Köchin wagt sich nicht gern an die Zubereitung dieser feinen Sauce, die allseitig verwendbar ist. Zu Fisch aus dem Sud oder auch zu Spargel, Artischocken und anderen Gemüsen schmeckt sie hervorragend und bereichert unser Menü.

Gewußt wie, ist die Zubereitung denkbar einfach.
Diese Masse ergibt ca. ³/₄ Tasse, also für zwei Personen.

3 Eigelb, 2 EL frischer Zitronensaft, Salz, Pfeffer,
120 gr Butter

Eigelb, Zitronensaft, Salz und Pfeffer miteinander in den Mixer geben, stark schwingen. Die Butter in einem kleinen Pfännchen warmmachen, sie darf keine Farbe annehmen, sondern muß schön gelb bleiben.
Diese Butter wird nun unter ständigem Schwingen langsam in die Eier gerührt. Die Sauce ist fertig und kann gut eine Stunde aufbewahrt werden, aber nur in einem Töpfchen, welches in heißem Wasser steht, das aber niemals kochen, sondern nur heiß sein darf. Ab und zu schwinge man die Sauce mit einem hölzernen Kochlöffel durch.

Senf-Hollandaise

Wir mischen der Hollandaise 1 KL guten französichen Senf bei. Das gleiche kann man auch mit Mayonnaise tun, das macht diese Saucen etwas kräftiger.

Tomatensauce

500 gr Tomaten, schöne reife, in Viertel geschnitten,
1 Zwiebel, fein gehackt, ½ Lauchstengel, in kleine
Stücke geschnitten, 20 gr Butter

Butter in der Pfanne schmelzen, Gemüse dünsten, Salz und Pfeffer, 3 dl Wasser zum Ablöschen beigeben. ½ Stunde kochen lassen. Durch ein Sieb oder Passe vite treiben und abschmecken.

Sauce Velouté

60 gr Butter, 70 gr Mehl, 1 l Bouillon, 2–3 Eigelb,
3 EL Rahm, Salz und Gewürze

Butter und Mehl in der Pfanne zusammen gut verarbeiten. Die

Bouillon kochen, langsam beigeben. 20 Min. weiterkochen lassen. Die Eigelb verklopfen und den Rahm beigeben. Anschließend mit dem Salz und den Gewürzen abschmecken. Dann wird die heiße Sauce auf die Eier geleert. Die Sauce darf nicht mehr aufs Feuer gestellt werden, weil sie sonst gerinnt.

Sardellensauce

½ l Béchamelsauce, 100 gr Sardellenfilets

Die Sardellenfilets werden feingehackt und der Sauce beigegeben. Diese Sauce wird oft zum Suppenfleisch serviert.

Sardellenbutter

100 gr Butter, 100 gr Sardellenfilets, 2 EL Zitronensaft

Die Butter wird schaumig gerührt, der Zitronensaft daruntergerührt, dann werden die sauber geputzten Sardellenfilets so fein wie möglich gehackt und auch dazugemischt. Die Mischung im Eiskasten völlig erkalten lassen. Dann wird eine lange Rolle daraus geformt, die man in eine Alufolie einschlägt und so gut 8 bis 10 Tage aufbewahren kann. Sie ist ein ausgezeichneter Brotaufstrich, kann aber auch zum Abschmecken von Fischsaucen verwendet werden.

Schokoladen-Sauce

200 gr dunkle Schokolade, 3 dl Kaffee, 50 gr Zucker

Im Wasserbad zerlaufen lassen. Mit Ofenküchlein (s. S. 18) servieren.

Auch ausgezeichnet zu Vanilleeis

Vanillesauce

¼ l Milch, 3 Eier, 40 gr Zucker, 1 Vanillestengel oder
1 Päckchen Vanillezucker, 1 KL Maizena

Milch mit dem Maizena und der Vanille ans Kochen bringen, dann unter ständigem Rühren mit dem Schwingbesen auf die in einer Schüssel verklopften Eier schütten. Zurück in die Pfanne geben und weiter schwingen, bis die Sauce dicklich wird, sie darf aber nicht kochen, da sie sonst gerinnt.

Notizen & weitere Rezepte:

Notizen & weitere Rezepte:

fig. 8

Süßspeisen und Dessert

Dampfnudeln

Hefeteig:

>500 gr Mehl, 30 gr Hefe, 125 gr Butter, 80 gr Zucker,
>1 KL Salz, 2 Eier, 4 dl Milch

zum Kochen:

>100 gr Butter, 150 gr Zucker, ½ l Milch

Wir bereiten einen Hefeteig aus obigen Zutaten, lassen ihn in der Schüssel heben. Nachher formen wir kleine Semmeli auf dem Wirkbrett und lassen sie unter einem Tuch nochmals heben.

Nun wird etwas von der Butter in einer gußeisernen Bratpfanne mit Deckel zerlaufen gelassen und die Semmeli, die wir in Zucker umdrehen, werden ganz satt nebeneinander in die Pfanne gesetzt. Butterflocken und Zucker darüber gestreut und etwas Milch beifügen, bis sie fast zugedeckt sind. Die Pfanne zudecken und in den vorgewärmten Backofen schieben. 220 Grad. Nach einer ½ Stunde wird erst nachgeschaut und der Rest von Butter, Milch und Zucker beigegeben. Nochmals zugedeckt und in den Ofen getan, für weitere 20–30 Min. Die Dampfnudeln sollen schön aufgehen und von einer dicken, klebrigen Caramel-Kruste umgeben sein. Heiß mit Vanillesauce servieren (s. S. 73).

[handschriftliche Notiz: KINDER — kenne 12 verschlinge — 1-2-3-4-5-6-7-8-9-10-11-12]

Apfelomelette

>100 gr Mehl, 3 dl Milch, 2 EL Rahm, 4 Eier, 1 Prise Salz, 3 mittlere saure Äpfel.

Die Äpfel in ganz dünne Scheiben schneiden, am besten auf dem Gurkenhobel.

Aus den übrigen Zutaten einen glatten Omeletteteig machen. Mit den Äpfeln mischen.

Kleine dünne Omeletten backen, nur auf einer Seite, dann umschlagen. Gestaffelt auf einer Platte anrichten und mit Grießzucker überstreuen. Man kann sie auch in einer feuerfesten Platte anrichten und 5 Min. unter Oberhitze im Ofen gratinieren.

Äpfelküchli, im Fett oder Öl gebacken

125 gr Mehl, 1 Glas Wein, 1 EL Oliven- oder Arachid-Öl, 2 Eiweiß, geschwungen, 4 große Äpfel, womöglich Boskop

Mehl wird mit heißem Wein angerührt, es darf keine Knollen geben. Das Öl beigeben, Eischnee darunterziehen.
Die Äpfel werden geschält, ausgehöhlt und in 1 cm dicke Scheiben geschnitten.
Diese werden in den Backteig getaucht und im schwimmenden Fett braun gebacken, mit Zucker bestreut, heiß serviert.

Apfelheu

3 große Äpfel, 3 weiße Weggli, in Würfeli geschnitten, 3 Eigelb, 100 gr Zucker, 1 EL Zitronensaft, 50 gr Butter in Flocken, 3 Eischnee

Eigelb und Zucker schaumig rühren. Zitronensaft und Butterflocken beigeben, mit den Apfel- und Weggliwürfeln mischen. Die Eischnee darunterziehen.
Alles in eine gut bebutterte Form einfüllen und 25 Min. im vorgeheizten Ofen überbacken. Mit Zucker überstreuen und sofort servieren.

Pommes Anna oder Apfel im Schlafrock

Blätterteig (s. S. 92), 4 mittlere Boskop Äpfel, 50 gr Sultaninen, 8 Würfelzucker, 40 gr Butter, ½ Zitrone, ausgepreßt, 1 Eigelb

Der Teig wird dünn ausgewallt und in 10 cm große Quadrate geschnitten. In die Mitte dieser Teigstücke legen wir einen halben, geschälten und ausgehöhlten Apfel. Die Höhlung nach oben. In die Höhlung geben wir 1 Würfelzucker, 1 TL Sultaninen, 1 TL Zitronensaft und ein Stückchen Butter. Danach wird der Teig mit allen vier Ecken gegen die Mitte gefaltet, mit Eigelb bestrichen und 25 Min. gebacken.
Heiß servieren.

sehr leicht Grossmama

Apfel Charlotte

10–12 saure Äpfel, 4–6 EL Weißwein, 50 gr Rosinen od. Sultaninen, 200 gr Zucker, 12 Einback, 150 gr Butter

Eine Timbalform wird gut mit Butter ausgestrichen, leicht mit Zukker ausgestreut.
Äpfel in kleine, dünne Scheiben geschnitten, ohne Kernhaus und Schalen, mit Wein aufgesetzt und halbweich gekocht. Rosinen oder Sultaninen dazugeben, 5 Min. zugedeckt stehen lassen, damit die Beeren aufquellen.
Die Einback werden in $1/2$ cm dicke Scheiben geschnitten. Mit einem Glas wird eine runde Scheibe ausgeschnitten (für die Mitte). Nun werden alle Scheiben in flüssige Butter getaucht. In die Mitte des Timbal-Bodens kommt die runde Scheibe, darumherum werden der Boden und die Wände mit geraden Einbackscheiben ausgelegt, so daß jede leicht über der anderen liegt. In die Mitte leeren wir die Apfelschnitze. Zuoberst wieder mit in Butter getauchten Einbackscheiben abdecken. Diese werden fest angedrückt, denn die Timbal soll satt gefüllt sein. 40 Min. im mittelheißen Ofen backen.
Sorgfältig stürzen, die Form vor dem Abheben einige Minuten darauflassen, sonst zerfällt die Apfel Charlotte leicht.

Schülerapfel

Der Apfel wird nach einem der beiden unteren Schemata geschnitten, so daß man ihn nach dem Auseinandernehmen wieder zusammenstecken kann. Aus der Mitte wird das Kerngehäuse sorgfältig herausgeschnitten, und an seinem Platz ein Stück Würfelzucker mit einigen Tropfen Zitronensaft eingelegt. Wieder zusammenstecken. Von außen sieht man dem Apfel kaum an, daß er aufgeschnitten ist. Diese Äpfel gab man den Schülern für die Unterrichtspause mit.

Plattemiesli oder Caramelkopf

200 gr Zucker, 5 Eier, 3 dl Milch, 50 gr Butter

Zucker mit Butter bis zur Bräunung brennen. Eine gut ausgebutterte Form, am besten ein Kopf (es kann auch ein Saucenpfännlein dafür verwendet werden), wird mit dem heißen gebrannten Zucker ringsherum ausgegossen.
Nun werden Eier und Milch gut miteinander verrührt und in die ausgegossene Form geleert. Diese wird in einem Wasserbad in den Ofen gestellt und eine halbe Stunde gebacken. Kaltstellen und nachher sorgfältig stürzen.

Ofenküchlein als Dessert

Ofenküchlein (s. S. 18) werden mit der Schere aufgeschnitten und mit 2 dl Schlagrahm gefüllt.
Dazu serviert man Schokoladensauce (s. S. 72), die heiß serviert wird.

Ofenküchleinturm

*Ofenküchlein (s. S. 18),
200 gr Zucker, 50 gr Butter*

Die mit Schlagrahm gefüllten Ofenküchlein werden in einem Ring auf eine Platte gesetzt. Der zweite Ring wird versetzt daraufgestellt. So weiter, bis ein Turm entstanden ist.
Nun werden die Butter und der Zucker in einer kleinen Pfanne gebräunt, wenn die Masse schäumt, wird sie sofort heiß über den Turm geleert. Sorgfältig, damit auf allen Seiten gleich viel Zucker herunterläuft.

Turmdessert

*Katzenzungenteig (s. S. 96),
5 dl geschlagener Rahm, Schokoladensauce (s. S. 72)*

Auf ein gut bebuttertes und bemehltes Kuchenblech setzen wir tellergroße Platten aus der Teigmasse; am besten geht dies mit einem

Suppenlöffel. Diese Platten werden im Ofen gebacken, sie müssen goldbraune Ränder haben und dürfen in der Mitte noch hell sein. Sofort mit einem großen Spachtel vom Blech lösen und flach auf dem Tisch erkalten lassen. Macht man das nicht sofort, so zerbrechen sie beim Lösen.

Diese Platten kann man gut ein paar Tage vor Gebrauch machen und in einer Blechbüchse aufbewahren. Zum Anrichten wird eine Platte auf die Serviceplatte gelegt, zwei große Löffel voll Schlagrahm daraufgegeben, wieder eine Platte und so weiter, bis der Schlagrahm aufgebraucht ist. Zuoberst soll eine Gebäckplatte sein. Dazu serviert man die heiße Schokoladensauce.

Igel

Man braucht eine ovale Form (Form des Igels). Ist keine solche vorhanden, wird auch eine runde Schüssel den Dienst tun.

250 gr Löffelbiskuits, 250 gr Butter, 2½ dl Milch,
2 Eier, 80 gr Zucker, 150 gr dunkle Schokolade

Eier, Zucker und Milch werden gut vermischt und in einer Teflonpfanne zum Kochen gebracht. Erkalten lassen. Schokolade im Wasserbad mit ganz wenig Milch zerlaufen lassen und, nachdem sie etwas erkaltet ist, der Eiermischung beigeben. In einer Schüssel wird die Butter schaumig gerührt, und die erkaltete Crème langsam beigemischt, bis die Buttercrème ganz glatt ist. Wieder 1 Stunde kaltstellen.

Die ovale oder runde Form wird nun ganz mit Löffelbiskuits ausgelegt, dann wird eine Lage Buttercrème darübergestrichen, wieder Biskuits und Crème, bis die Form voll ist. Fest anklopfen, denn die Form muß satt gefüllt sein. Wieder ½ Stunde kaltstellen. Nun wird die Form gestürzt und mit dem Rest der Buttercrème ringsum bestrichen, so daß der Kuchen ganz braun und glatt ist. Die Mandeln werden geschält, getrocknet und in lange Streifen (Stäbchen) geschnitten, mit welchen der Kuchen bespickt wird, was ihm das Aussehen eines Igels gibt.

Den Igel kann man gut am Tage vor dem Fest machen und ihn im Eiskasten aufbewahren. Dies ist auch ein typisches Basler Weihnachts-Dessert.

Schokoladenauflauf

50 gr Butter, 125 gr Zucker, 125 gr Schokolade, dunkel, 2 EL Milch, 1 Briefchen Vanillezucker, 5 Eier

Schokolade im Wasserbad mit 2 EL Milch zerlaufen lassen. Butter schaumig rühren, Zucker und Eigelb dazuschwingen, bis die Masse schaumig ist. Schokolade beigeben und zuletzt den Eischnee sorgfältig darunterziehen. Sofort in die gebutterte feuerfeste Auflaufform füllen. Im vorgeheizten Ofen bei mittlerer Hitze 7–10 Min. backen. Es muß sich oben eine harte Schicht bilden, innen muß der Auflauf noch zähflüssig sein. Sofort servieren, nicht warten, da er sonst zusammenfällt. Die Mühe lohnt sich, da der Auflauf eine wirkliche Delikatesse ist.

Seidenmus

3 Eier, 3 EL Zucker, 5 dl Milch, 3 dl Rahm, 2 EL Mehl

Milch, Mehl, Eier und Rahm werden unter ständigem Rühren gekocht. Wenn das Mus dick ist, wird es in einer Schüssel angerichtet; erkalten lassen. Hernach wird der Zucker darüber gestreut und mit einer heißen Eisenschaufel braungebrannt.

Quittenpaste

Quitten, Zucker

Die Quitten werden gewaschen, abgerieben, in Viertel geteilt, das Kernhaus herausgeschnitten und mit soviel Wasser gekocht, daß es die Früchte knapp zudeckt. Sobald die Früchte weich sind, wird mit einem Löffel die Haut abgezogen. Die heißen Schnitze werden sofort durch ein Sieb gepreßt. Das Quittenmark wird gewogen. Gleichviel Zucker wird mit dem abgesiebten Kochwasser der Früchte eingekocht, bis der Sirup Fäden zieht. Nun wird das Quittenmus dazugegeben und nochmals aufgekocht. Hernach in mit kaltem Wasser ausgespülte Suppenteller oder - falls man hat - in kleine flache Förmchen füllen. Wenn erkaltet, legt man zwischen zwei gefüllte Teller je ein Pergamentpapier und stürzt sie gegeneinander. So kommt keine Luft zu, und man kann die Paste gut aufbewahren. An Weihnachten kann man kleine Rauten schneiden, die man in Grießzucker wendet und so serviert.

Blancmanger mit Kalbsfüßen

2 Kalbsfüße, 1½ l Wasser, 500 gr Mandeln, 500 gr Zucker

Die Füße im Wasser kochen lassen, bis sie weich sind. Sauber abschäumen, das Wasser sollte klar werden. Die Mandeln schälen und reiben.
In die abgesiebte heiße Brühe geben wir den Zucker und rühren ihn, bis dieser vergangen ist. Nun werden auch die geriebenen Mandeln beigegeben und die Masse in eine Form geleert. Kaltstellen und am nächsten Tag zum Servieren stürzen.

Orangengelee als Dessert

6 große Orangen, 100 gr Zucker, 2 EL Zitronensaft, 2 Blatt weiße u. 1 Blatt rote Gelatine, 1 Orange

Orangensaft auspressen, Gelatine in wenig kochendem Wasser auflösen, durch ein feines Sieb zum Saft geben. Zucker beifügen, und 4 dl Wasser, alles zusammen aufkochen, in einer Schale anrichten und kaltstellen. Nachher mit der in Scheiben geschnittenen Orange garnieren.

Zitronenmousse

3 Eigelb, 100 gr Zucker, 3 TL Gelatine, 3 EL Wasser, 2 Zitronen, 3 Eiweiß, 1 Zitronenschale

Die Eigelb mit dem Zucker im Wasserbad so lange schwingen, bis der Zucker vergangen und die Masse dick ist.
Die Gelatine in kochendem Wasser auflösen und abkühlen. Den Zitronensaft zur Gelatine geben und dann mit dem Eigelb und dem Zucker schwingen. Eiweiß zu Schnee schlagen und sorgfältig darunterziehen. Die Zitronenschale abreiben und dazugeben.
Alles in die Schüssel füllen, in der serviert wird.

Zitronencreme

4 Zitronen, 250 gr Zucker, 1 dl Wasser, 4 Eigelb, 4 Eiweiß

Das Wasser mit dem Zucker aufs Feuer bringen. Eigelb in einer Schüssel verklopfen und den Zitronensaft unter Schwingen daraufleeren, dann in die Pfanne geben und zum Kochen bringen. Ständig schwingen, bis die Creme Blasen wirft, weg vom Feuer. Eiweiß zu Schnee schlagen und auch in die Pfanne geben. Schwingen, bis die Creme glatt ist. Nochmals zum Kochen bringen.
Sofort in der Schüssel anrichten, in welcher die Creme serviert wird. Nicht in den Eiskasten, sondern zimmerwarm servieren.

Buttenmostcreme

5 dl Buttenmostkonfitüre (s. S. 108), 4 dl Rahm, geschlagen

Beides miteinander vermischen und sehr kalt servieren.

Schwarze und Weiße Creme

Es werden zwei Cremes gemacht, die dann in 2 Schüsseln zusammen serviert werden. Jeder kann sich seine Mischung selbst auf dem Teller herstellen:

1. Schokoladen-Creme

5 Eigelb, ¾ l Rahm, 100 gr dunkle Schokolade, 100 gr Zucker

Schokolade und Rahm auf kleinem Feuer auflösen. Eigelb und Zukker in Schüssel schaumig rühren. Schokoladenmischung unter Rühren sorgfältig auf die Eigelb leeren. Zurück in die Pfanne schütten und zweimal zum Kochen bringen. In der Schüssel anrichten, in der serviert wird. Oft durchrühren, damit sich keine Haut bildet.

2. Weiße Creme

100 gr Zucker, ¾ l Rahm, 5 Eiweiß

Zucker und Rahm kurz zusammen aufkochen lassen, die Eiweiß zu halbsteifem Schnee schlagen und sorgfältig unter den Rahm ziehen. Sofort in eine Schüssel zum Servieren füllen und mehrmals aufrühren, bis die Creme erkaltet ist.

Himbeer- oder Erdbeer-Creme

500 gr Beeren, 300 gr Zucker, 6 Eier

Die Beeren durch ein Haarsieb pressen, dann den Zucker dazugeben. Die Eier werden schaumig gerührt, bis sie in der Schüssel steigen. Nun wird die Beerenmasse dazugerührt, zusammen in der Chromstahl- oder Emailpfanne unter ständigem Schwingen ans Kochen bringen. Die Creme darf nicht kochen, weil die Eier sonst gerinnen.

Gebrannte Creme

200 gr Zucker, 3 Eier, 4 dl Milch, 2 dl Rahm

Der Zucker wird in der Pfanne braun geröstet, bis er anfängt zu schäumen. Schnell wird die Milch beigegeben und auf kleinem Feuer ans Kochen gebracht.
Die Eier werden in einer Schüssel verklopft, die kochende Milch unter ständigem Schwingen daraufgegossen. Zurück in die Pfanne schütten, nochmals bis zum Kochen bringen und dann rühren, bis die Creme beinahe kalt ist. Der Rahm wird geschwungen und unter die erkaltete Creme gezogen.

Notizen & weitere Rezepte:

Notizen & weitere Rezepte:

fig · 9

Kuchen und Gebäck

Blätterteig

*250 gr Mehl, 5 gr Salz, ½ dl Essig, 1½ dl Wasser,
200 gr Butter*

Mehl auf den Tisch sieben. Salz, Wasser und Essig werden in die Mitte des Mehlbergs sorgfältig hineingerührt und mit den vier Fingerspitzen beider Hände eingewirkt. Dann wird ein Viereck ausgewallt, in dem die Butter in der Mitte Platz hat und wie ein Paket eingeschlagen werden kann.
Eine Viertelstunde an der Kälte ruhen lassen, dann wieder zu einem länglichen Viereck auswallen und wieder ganz regelmäßig von allen Seiten einschlagen. Wieder ruhen lassen, wieder wallen und einschlagen. Dies wird fünfmal vor der Verwendung wiederholt. Dann ruht der Teig eine Stunde im Eiskasten. Das Gelingen hängt davon ab, daß der Teig kühl behandelt wird, mit kalten Händen, und exakt eingeschlagen wird.

Dreikönigs-Kuchen zum 6. Januar

*250 gr Blätterteig (s. oben),
100 gr Zucker, 100 gr geschälte, geriebene Mandeln,
100 gr Butter, 3 Eier, 20 gr Mehl, 2 EL Kirsch od.
Rum, 1 Fingerhut*

Glasur:

½ Eiweiß, 100 gr Puderzucker, 1 KL Mehl

Rundes Kuchenblech mit Butter ausstreichen und mit Blätterteig auslegen, so daß er noch 2 cm über den Rand hinaussteht. Zucker, Mandeln, Mehl vermischen, weiche Butter in Flöckchen beigeben, Kirsch oder Rum und nach und nach die Eier zugeben. Das Ganze verrühren, bis die Masse sehr luftig und weiß ist. 1 Fingerhut dazugeben, auf den Teigboden leeren. Aus dem Rest des Teiges ein rundes Stück als Deckel des Kuchens auswallen. Diesen darauf legen und gut andrücken. 1 Stunde in die Kälte stellen.
Für die Glasur:
Puderzucker, Eiweiß und Mehl werden zu einem Teiglein gerührt

und mit einem Spachtel auf den noch ungebackenen Kuchen gestrichen. Wenn wir noch Blätterteigreste haben, legen wir diese, in Streifen geschnitten, gitterartig über den Kuchen. Mit einer Gabel mehrmals oben in den Teigdeckel stechen.
Bei 220 Grad 20 Min. backen, ohne den Ofen zu öffnen, dann eine Alufolie darauflegen und nochmals 20–30 Min. weiterbacken.
Um den Kuchen schneiden wir aus Goldpapier eine Krone und servieren ihn so dekoriert. Wer den Fingerhut in seinem Kuchenstück findet, ist der König des Tages und darf regieren. Dieser Kuchen ist die Wonne aller Kinder.

Sonntagszopf

1 kg Weißmehl, 1 EL Salz, 150 gr Butter, 5½ dl Milch, 40 gr Hefe oder 2 Beutel Trockenhefe, 1 TL Zucker, 1 Ei, 1 Eigelb zum Bestreichen

Hefeteig aus obigen Zutaten zubereiten:
Mehl in eine Schüssel sieben, Hefe mit dem Zucker auflösen und in die Mitte des Mehles geben. Salz und Ei dazugeben. Butter zerlaufen lassen und mit der Milch abkühlen, zum Mehl gießen und langsam vermischen und kneten. Den Teig an der Wärme mit einem Tuch zugedeckt heben lassen. Nach nebenstehenden Angaben Zopf formen. Ihn nochmals heben lassen, mit Eigelb bestreichen und dann in 45 Min. backen.

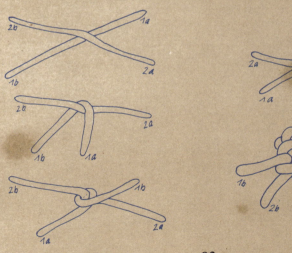

Zopfstern

Einen Teig wie für den Sonntagszopf zubereiten, allerdings mit 2 statt 1 TL Zucker.
Nun nehmen wir den Teig auf das Wirkbrett und formen nach beigelegter Skizze den Stern. Diesen lassen wir nochmals heben, bestreichen ihn mit Eigelb und backen ihn im Ofen.

Apfelkuchen Georgine

origineller als gewöhnlich

Blätterteig (s. S. 92);
4 Boskop-Äpfel, 50 gr Butter, 100 gr Zucker, 50 gr Mandeln, geschält und in Scheiben geschnitten, finden sich so zubereitet im Handel

Ein rundes Kuchenblech wird bebuttert und mit Blätterteig ausgelegt. Nun raspeln wir die Äpfel mit der Schale darauf, ebnen sie gut aus, so daß überall gleich hoch Äpfel liegen. 25 Min. in den Ofen schieben.
Die Butter wird in einer kleinen Omelettenpfanne mit dem Zucker geröstet, ständig mit dem Holzkochlöffel gerührt, bis sie hellbraun ist. Dann werden die geschnittenen Mandeln für 1 Min. mitgeröstet und so ganz heiß auf den gebackenen Kuchen geleert, aber lauwarm serviert.

Schokoladenkuchen

(der beste, den es gibt)

125 gr Butter, 200 gr Zucker, 6 Eigelb, 250 gr gute dunkle Schokolade, 6 Eierschnee, 125 gr geriebene Haselnüsse

Die Butter schaumig rühren, den Zucker dazugeben, dann die Eigelb eins nach dem andern darunterrühren, 20 Min. rühren. Die Schokolade mit einer halben Tasse starkem Kaffee im Wasserbad verlaufen lassen und abgekühlt zur Eiermasse geben, ebenso die Haselnüsse. Dann den Eierschnee sorgfältig darunterziehen.

Mittelgroße Springform gut bebuttern, die Kuchenmasse einfüllen, im vorgeheizten mittelheißen Ofen 25–30 Min. backen.
Dieser Kuchen muß innen noch feucht sein und muß *unbedingt 3 Tage* an der Kälte ruhen, bevor er gegessen wird. Es gibt kaum einen Schokoladenkuchen, der besser schmeckt.

Zitronentorte

250 gr Blätterteig, 3 Eier, 180 gr Zucker, Rinde von 1 Zitrone, 60 gr Butter, 2 Zitronen

Mit dem Blätterteig ein rundes Kuchenblech auslegen, die Zitronenrinde abschaben, mit dem Zucker und den Eiern im Wasserbad schwingen. Die Butter in Würfeli dazugeben, bis es einen schönen glatten Brei gibt. Die Zitronen auspressen und den Saft dazugeben. Diese Masse wird in die mit Teig ausgelegte Form gegeben und 20–25 Min. im Ofen gebacken. Lauwarm servieren.

Osterfladen

250 gr Blätterteig (s. S. 92); 1 P. Vanillezucker, ½ l Milch, 100 gr Grieß, 50 gr Butter, 5 Eigelb, 100 gr Sultaninen, 2 dl Rahm, 5 Eiweiß, Puderzucker

Eine Springform mit Blätterteig auslegen (hoher Rand). Die Eiweiß zu Schnee schlagen. Milch kochen, Grieß einlaufen lassen, kochen, bis sich der Brei von der Pfanne löst. Eigelb einzeln dazurühren. Vanillezucker, gewaschene Sultaninen darunterrühren, Eierschnee und Rahm beigeben.
Diese Masse wird in die ausgelegte Form geleert und 25–30 Min. darin gebacken. Wenn der Kuchen etwas erkaltet ist, wird er dick mit Puderzucker überstreut und lauwarm serviert.

Osterhasen

Hefeteig (s. S. 78) einige Rosinen, einige Strohhalme, ein schmales Band, 1 Eigelb zum Bestreichen

Wir formen aus dem gehobenen Hefeteig eine runde große, eine etwas kleinere Kugel und ein Oval. Aus diesen setzen wir den Hasen zusammen, lassen ihn nochmals heben und schneiden dann mit einem scharfen Messer die Ohren ein. Mit den Rosinen werden Augen und Schnauze markiert. Die Strohhalme brauchen wir für den Schnurrbart. Nun wird der Hase mit Eigelb bestrichen und wie üblich gebacken. Mit dem Band formen wir eine Krawatte. Man kann auch mehrere kleine Hasen formen. Diese Hasen werden zum Ostersonntagsfrühstück großen Erfolg einheimsen.

Hobelspän

300 gr Staub- oder Puderzucker, 200 gr Mehl, 5 Eiweiß, 1 Briefchen Vanillezucker

Eiweiß zu Schnee schlagen, Zucker und Vanillezucker beigeben. Mehl darunterziehen.
Auf gut bebuttertem Blech mit dem Spritzsack längliche, dünne Streifen aufsetzen.
In heißem Ofen schnell backen. Die Spän dürfen nur hellbraune Rändchen haben und müssen in der Mitte noch weiß sein. Sofort, so lange sie noch heiß sind, um einen Kochlöffelstiel wickeln, damit sie wie Locken aussehen.

Katzenzüngli

100 gr Puderzucker, 100 gr Mehl, fein gesiebt, 2 dl Rahm

Mehl und Zucker mit dem Rahm zu einem glatten Teig anrühren. Kuchenblech bebuttern und fein mit Mehl bestäuben. Mit Dressiersack fingerbreite, in der Mitte etwas dünnere Stengel aufsetzen. Sie in mittelheißem Ofen ca. 10 Min. backen.
P. S. Sollte der Rahm zu frisch, d. h. zu dünn sein, dann etwas weniger Rahm nehmen, sonst verlaufen die Zungen im Ofen. Ist der Teig aber zu dick, dann werden sie mehlig und zäh.

Quittenschäumli
nach Großmamas Art, Rezept von anno 1839

500 gr Quittenmark, 500 gr Zucker, 4 Eiweiß

Die Quitten abreiben, in Viertel schneiden, mit Wasser bedeckt weichkochen, anschließend durch ein Sieb pressen. Den Zucker mit dem Quittenmark vermischen, dann die zu steifem Schnee geschlagenen Eiweiß darunterziehen.
Ein Backblech wird mit Papier belegt. Auf glattes, weißes Papier werden mit dem Kaffeelöffel oder Spritzsack kleine Häufchen aufgesetzt.
Der Backofen wird vorgeheizt, ausgedreht, und bei offener Türe werden die Schäumchen getrocknet.

Rahmdäfeli oder Russi

½ l Milch, ½ l Rahm, 500 gr Zucker, davon behalte man 3 EL Zucker zurück, ½ Glas Milch

Milch, Rahm und Zucker in eine Chromstahl-Pfanne geben und auf dem Feuer unter ständigem Rühren kochen, bis die Masse hellbraun wird. Dies ist der springende Punkt des Gelingens. Schnell werden der restliche Zucker und die Milch dazugegeben, nochmals auf dem Feuer aufgerührt und das Ganze sofort auf ein fest bebuttertes Blech geleert. Die Größe des Bleches muß so gewählt werden, daß die Masse 1½–2 cm hoch wird. Sofort mit dem Karamelausstecher schneiden. Ist kein Ausstecher vorhanden, kann man auch ein Messer in kaltes Wasser tauchen und gleichmäßige Vierecke von 2 cm schneiden.

Schenkeli

375 gr Zucker, 250 gr Butter, 1 kg Mehl, 6 Eier, 1 Prise Salz

Zucker und Butter miteinander schaumig rühren, die Eier einzeln dazumischen. Salz dazugeben. Nun wird das Mehl daruntergearbeitet. Eine Stunde kaltstellen.
Kleine fingerlange Würste drehen und im schwimmenden Fett backen. Sobald sie erkaltet sind, in Blechbüchsen füllen. Gutes Gebäck zur Vanillecreme.

fig . 10

Basler Leckerli

BASLER LECKERLI

Für Weihnachten werden traditionsmäßig die weitberühmten Basler Leckerli gebacken. In früheren Zeiten, noch vor dem Ersten Weltkrieg, wurden sie niemals fertig gekauft, das wäre für die alten Basler Familien eine Sünde gewesen. Heute sind die Leckerli allgemein in guten Bäckereien erhältlich und werden in Großbäckereien auch fabrikmäßig hergestellt. Zum Verkauf und speziell für den Export werden sie oftmals in kleine Blechtrommeln, ein anderes Basler Emblem, verpackt! Sie sind ein beliebter Geschenkartikel geworden.

Nun hat aber noch manche Familie den Stolz, ihr eigenes, wohlerprobtes Rezept zu haben und auch nach dieser Vorschrift *ihre* Leckerli zu backen.

Die ganze Familie hilft mit. Denn es gibt viel und harte Arbeit dabei. Das Prozedere beginnt so: die ganze Familie sitzt um einen großen Tisch zum Schneiden der Mandeln. Dies hat von Hand zu geschehen: eine mühselige Arbeit. Prominente Geschäftsherren, Professoren, Politiker lassen es sich nicht nehmen, ihre Leistung beizutragen. Natürlich kann man dies heute auch mit den modernen Küchenmaschinen ausführen. So wird auch meist zum Rühren des Teiges ein Mixer verwendet; früher mußte die Köchin oft männliche Hilfe anfordern. War diese im Hause nicht vorhanden, dann holte man sich zu Großmutters Zeiten einen »Dienstmann« vom Bahnhof, welcher sonst das Handgepäck der Reisenden vom Zug in die Kutschen trug.

Diese Männer hatten den schweren Teig zu rühren, bis er schön luftig war.

Basler Leckerli

750 gr Honig, 750 gr Zucker, 75 gr Orangeat, 75 gr Zitronat, 20 gr Zimt, 1 Prise Nelkenpulver, 750 gr Mandeln, der Länge nach in Streifen geschnitten, 2½ dl Kirschwasser, 1700 gr Mehl, 2 Zitronen, nur die Schale abreiben

Glasur:

300 gr Zucker, 3 dl Wasser

Honig, Zucker und die Gewürze in der Pfanne erhitzen, bis der Zucker ganz vergangen ist. Dann werden die Mandeln und das in kleine Würfeli geschnittene Orangeat und Zitronat beigegeben. Abgeriebene Zitronenschalen und Mehl, auch das Kirschwasser daruntermischen und alles auf dem Feuer rühren, bis der Teig glatt wird. Dann auf das Wirkbrett nehmen und sofort, solange der Teig noch warm ist, auswallen (ca. ¾ cm dick). Mit dem Leckerlimodel (oder falls nicht vorhanden) werden mit dem Messer 4 auf 6 cm große Vierecke ausgeschnitten und satt aneinander auf ein gut bebuttertes und bemehltes Blech gelegt. Bei mäßiger Hitze backen, bis sie schön hellbraun und aufgegangen sind. Wenn erkaltet, Glasur zum Faden kochen, und sofort mit dem Pinsel auftragen. Dann werden die Leckerli den alten Linien nach geschnitten.

Santiklausen

Honigkuchen-Teig (s. S. 102),
etwas Watte, einige Haselnüsse

Der Teig wird ½ cm dick ausgewallt. Nun wird die Form eines Santiklauses mit spitzem Messer ausgeschnitten. Mit 2 Haselnüssen werden die Augen markiert, und dann wird der Mann gebacken. Nachher wird etwas Zucker und Wasser vermischt und mit Watte als Schnurrbart und Bart angeklebt.

Änisbrötli

500 gr Zucker, 5 Eier, 2 EL Änis, 500 gr Mehl, 1 KL
Backpulver oder 2 EL Kirsch

Zucker und Eier während 20 Min. gut miteinander verrühren, bis der Teig schäumt. Den Änis, den wir im heißen Ofen für 2 Min. rösten, zwischen den Händen reiben, damit die Haare abgehen, die man dann auf dem Blech wegblasen kann. Den so präparierten Änis dem Teig beigeben.
Das Mehl dazu sieben, dann das Backpulver oder den Kirsch daruntermischen.

Den Teig aufs Wirkbrett nehmen und ½ cm dick auswallen und mit den Blechförmli Sternli und Herzli ausstechen. Diese legen wir auf ein gut bebuttertes und mit Mehl bestäubtes Blech, lassen die Brötchen 1 Tag trocknen und backen sie am nächsten Tag bei schwacher Hitze, ca. 10 Min. Sie sollen weiß bleiben und kleine Füßchen erhalten. Diese Brötchen halten gut verschlossen in einer Blechbüchse mehrere Wochen.

Brunsli

3 Eiweiß zu Schnee schlagen, 200 gr Zucker, 250 gr geriebene, gute, dunkle Schokolade, 500 gr geriebene Mandeln, 3 EL Kirsch

Alles gut in der Schüssel vermischen. Auf das Wirkbrett nehmen und auf Zucker ½ cm dick auswallen. Mit einem Förmli ausstechen, die man vorerst auch in Zucker taucht, da der Teig leicht klebt. Auf ein bebuttertes Blech aufsetzen und einige Stunden trocknen lassen. Im schwachwarmen Ofen 10 Min. trocknen lassen.

Honigkuchen

250 gr Honig, 100 gr frische Butter, 60 gr Zucker, 450 gr Mehl, 100 gr gehackte Mandeln (nicht gerieben), 100 gr Orangeat und Zitronat gemischt, gehackt, 1 abgeriebene Zitronenschale, 2 EL Zitronensaft, 1 EL Backpulver

Butter und Honig leicht erwärmen, bis beides flüssig ist, etwas abkühlen lassen. Mehl in eine Schüssel geben. Mandeln, geschnittenes Orangeat, Zitronensaft beifügen, und zuletzt das Backpulver beifügen, alles gut vermischen und die Honig/Butter beigeben. Gut verkneten und ½ cm dick auswallen, in Rauten schneiden. Auf eine gut bebutterte Backfolie, mit welcher das Kuchenblech ausgelegt ist, legen und ca. 20 Min. im mittelheißen Ofen backen. Die Kuchen sollen goldgelb und nicht braun sein. Die noch heißen Kuchen mit dickem Zuckerwasser bestreichen.

Zimtsterne

3 Eiweiß, 500 gr Zucker, 500 gr Mandeln, 15 gr Zimt= 1 KL, 3 EL Kirsch

Die Eiweiß schlagen und den Zucker darunterziehen, die gemahlenen Mandeln, Zimt und Kirsch dazugeben, alles gut mischen. 3 mm dick auswallen und mit dem Stern ausstechen. Auf ein gut bebuttertes Blech legen und 10 Stunden trocknen lassen. 10–15 Min. in schwacher Hitze im Ofen backen. Herausnehmen und mit Glasur bestreichen.

Glasur:

1 Eiweiß, 100 gr Puderzucker

Das Eiweiß schlagen und den Puderzucker dazurühren, bis die Masse ganz glatt ist.
Mit einem Pinsel auf die gebackenen Sterne auftragen und nochmals 5 Min. in den Ofen stellen.

Notizen & weitere Rezepte:

Notizen & weitere Rezepte:

fig. 11

Eingemachtes und Getränke

Buttenmost-Konfitüre

1 l Hagebuttenmost, 1 kg Zucker

Hagebuttenmost finden wir im Handel. Er wird aus rohen Früchten hergestellt, indem die Kerne herausgenommen werden und die rote Schale mit Wasser weichgekocht und püriert wird.
Buttenmost und Zucker werden in eine Pfanne gebracht und vom Siedepunkt an 15 Min. gekocht. Dann in Gläser abfüllen und wie üblich verschließen.
Buttenmostkonfitüre wird in Basel oft zu Fastenwähen und Fasnachtsküchli serviert (s. S. 12/13).

Zitronenkonfitüre

12 mittlere Zitronen, 1,5 kg Zucker

Zitronen in ganz feine Scheiben schneiden, in eine Schüssel mit soviel Wasser geben, daß sie zugedeckt sind. 3 Tage stehen lassen, Wasser täglich wechseln.
Am dritten Tag wieder frisches Wasser nehmen und die Schnitze darin kochen, bis die Schale weich ist. Auf ein Sieb schütten und abtropfen lassen. Den Zucker und 6 dl Wasser aufkochen, Zitronen hineingeben und ca. 30 Min. kochen, bis die Masse geliert. In Gläser füllen und wie üblich zubinden.

Schnapskirschen

1 gut verschließbares Konservenglas oder mehrere kleine.
Am besten eignen sich Weichselkirschen oder Schattenmorellen. Jeder Kirsche schneidet man mit einer Schere die Hälfte des Stieles ab. Es dürfen nur einwandfreie Kirschen ins Glas. Man wasche die Kirschen und lege sie auf ein Tuch zum Trocknen. Dann werden sie sorgfältig in die Gläser eingeschichtet. Dazwischen wird pro 500 gr Früchte 250 gr Zucker gestreut. Die Gläser sollen $7/8$ voll sein. Darüber gießen wir 50 prozentigen Alkohol aus der Drogerie, bis

die Früchte völlig zugedeckt sind. Die Gläser werden sofort mit Gummiring und Bügel geschlossen. Nun werden sie ins Dunkle gestellt und unbedingt 8 Monate stehengelassen.

das muess in die scheenschti Terrine

Bischoff

Dies ist ein Festtagsgetränk, das im alten Basel um die Weihnachtszeit den Besuchern offeriert wurde, dazu wurden Leckerli serviert.

250 gr Kandiszucker, ½ l Wasser, 2 Flaschen Weißwein, 8 schön ausgereifte Pomeränzli (orangenähnliche Frucht, aber viel kleiner), 5 Nelken, ½ dl Arrak, 5 Cardamomen, zerdrückt

Den Kandiszucker im Wasser auf dem Feuer auflösen.
Die Zuckermasse wird mit dem Wein vermischt und zum Kochen gebracht. Arrak beigeben. Unterdessen steche man die Pomeranzen mehrmals mit einer dicken Nadel durch, lege sie in eine Schüssel, gebe Nelken und Cardamomen bei und schütte den heißen Wein darüber. Diese Mischung muß zwei Tage stehen, damit das Getränk das Fruchtaroma annehmen kann.
Es wird in kleinen Hochfüßli Gläsern serviert.

Punch

4 Zitronen, 250 gr Zucker, 2 Glas Weißwein, 3,5 dl Rum oder Arrak, 1,5 l Wasser

Die Schale von 1 Zitrone wird abgerieben in eine Schüssel gegeben, der Saft von den 4 Zitronen dazugegeben, ebenso Zucker und Weißwein.
Das Wasser wird gekocht, der Rum beigegeben und mit den anderen Zutaten vermischt und heiß serviert.

wein statt wasser isch besser.

Hypokras

Er braucht 4 Wochen zur Herstellung.

2 l Markgräfler Weißwein, 4 l Rotwein, womöglich Roussilon, 250 gr Zucker, 20 Gewürznelken, 4 Zimtstengel

Weißwein und Zucker werden zusammen aufgekocht, in eine Korbflasche oder Bonbonne eingefüllt. Die Nelken und die Zimtstengel, etwas zerbrochen, werden in ein Leinensäckchen eingebunden und an einem langen Schnürlein in die Flasche gehängt. Dann wird der kalte Rotwein dazugegeben und alles gut vermischt. Die Flasche soll nicht verkorkt werden, sondern mit einem Tüchlein, das von einem dicken Packpapier überzogen wird, fest zugebunden werden.
Diese Korbflasche soll nun ca. vier Wochen an der Wärme, am besten neben der Heizung, stehen. Sie wird täglich 1–2 mal gründlich geschüttelt.
Kurz vor Weihnachten wird der Hypokras in Flaschen abgefüllt und zum Servieren bereitgestellt. Wenn diese Flaschen gut verkorkt sind, halten sie viele Monate.
Dieser Festwein wird in Basel um die Weihnachtszeit und am Neujahrsmorgen Besuchern serviert, die ein gutes Neues Jahr anwünschen.

Notizen & weitere Rezepte:

fig. 12

Anhang

A

Al dente = »zahnhart« für Teigwaren
Änis = Anis; Gewürzfrucht aus dem Orient

B

Bäbbli = Purée/Brei
Béchamel Sauce = weiße Grundsoße
Bouillon = Fleischbrühe
Bratwurstbrät = Bratwurstmasse
Brotwürfeli = in kleine Würfel geschnittenes Brot
Brunsli = Basler Braunes (Weihnachtsgebäck)
Butterflöckli = Butterflocken

C

Caramelausstecher = Blechförmchen, das 1,5 cm große
 Würfel schneidet
Cronstade = runde Pastete

D

Däfeli = Bonbons
dl = Deziliter
dressiert = in Form gebunden

Echalotten = kleine Zwiebeln
Einback = Brotart für Zwieback
Eiskasten = Kühlschrank
EL = Eßlöffel
Erbsli = kleine Erbsen
Erbsmus = Purée oder Brei aus gedörrten Erbsen

Farce = Füllung
flambieren = abbrennen der feinen Haare beim Geflügel
Förmli = Förmchen

Gigot = Keule
Gipfeli = Hörnchen

Hochfüßli = hohes Glas mit Fuß

Jus = Bratensauce

Kächeli = kleine Formen, ca. 5 cm ⌀
Kalbsriemen = längliches Stück vom Kalbsfleisch
karren = karst = Rippenstück vom Fleisch
Käschüchli = Käseküchlein
Kiechli = kleine Kuchen
KL = Kaffeelöffel
Krebsli = Crevetten

Leckerli = Basler Spezialität
Leckerlimodel = Gerät zum Ausstechen der Leckerli
Luftreis = Reis, der 10 Min. in Wasser gekocht oder im Sieb gedampft wird

M

Milken/Miesli = Halsdrüse vom Kalb
Mousse = Schaumgericht

P

Passe vite = Durchdreher für Gemüse und Suppen
Pfitzauf = kleine Aufläufe
Plätzli = Schnitzel
Portionskächli = Förmchen zum Zubereiten
Prozedere = Arbeitsgang

Rüebli = Karotten

Santiklausen = St. Nikolaus
Schweinsziemer = Rückenstück vom Schwein
Schwingbesen = Rahmschläger/Schneebesen
Springform = Kuchenbodenblech mit abnehmbarem Rand
Spritzsack = Stoffsack mit Düsenöffnung zum Verzieren von Torten etc.
Stengeli = kleine Stangen
Sternli = Sternchen
Sud = Brühe zum Kochen von Fleisch, Fisch etc.

Timbalenform = hohe Eisenform zum Backen, ca. 15–20 cm ⌀
TL = Teelöffel

W

Wähen = Kuchenteigböden mit Obst- oder Käseauflage
Weggli = Brötchen
Weinbeize = zum Einlegen von Fleisch, Wild etc., besteht aus Wein und Gewürzen
Wirkbrett = Teigbrett

Die Gaumen sind gar sehr verschieden,
und allen recht tun ist gar schwer,
denn was den einen stellt zufrieden,
darüber schimpft ein andrer sehr!

Inhalt

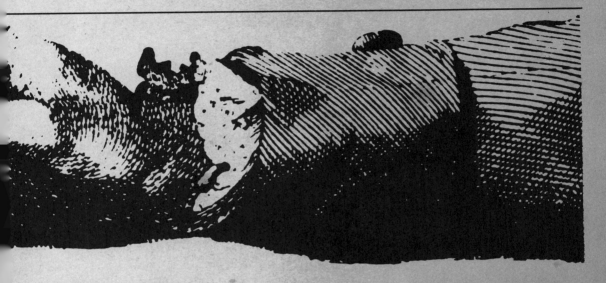

I. Suppen und Basler Fastnachtsspezialitäten

Tomatensuppe mit Schlagrahm	10
Wildsuppe	10
Fasnachts-Mehlsuppe	12
Fasnachts-Kiechli	12
Käsewähe	13
Fastenwähen	13
Zwiebelwähe	14

II. Milch- und Mehlspeisen

Geriebener Teig	18
Brotküchli	18
Ofenküchli	18
Ofenküchli mit Käsesauce	19
Pfitzauf	19
Käschüchli	19
Käsestengeli mit Schinken	20
Käsestengeli zum Bier	20
Schinkengipfeli	20
Schinkenomelette	20
Sonntags-Pastetli	21
Macaronipastete	21
Schinkenpastete	22

III. Fisch und Muscheln

Aal im Rebblatt	26
Forelle Blau	26
Forellen in Aspik	26
Turbot oder Steinbutt	27
Hecht gespickt	27
Lachs à la Baloise	28
Karpfen gespickt	28

Halibut Terrine 29
Miesmuscheln (Moules) 30
Coquilles St. Jacques 30

IV. Wild und Geflügel
Hasenrücken 36
Hasentimbal 36
Wildschweinfilet 38
Rehrücken 39
Äpfel zum Wildbret 39
Fasan 40
Wildente im Orangenjus 40
Gefüllte Tauben 41
Martinsgans 41
Hühnertimbal 42
Suppenhuhn 43
Geflügelterrine 43

V. Wurst- und Fleischgerichte
Neuenburger Wurst im Teig 48
Wienerli im Schlafrock 48
Croustade nach Basler Art 48
Schinken mousse 49
Schinken Terrine 50
Schweinebraten mit Zwetschgen 52
Kalte Pastete 51
Glasierte Milken 52
Falsche Austern 53
Lamm Gigot 53
Papiermanchette 53
Kalbsvögel 54

Hackbraten	54
Hirn in schwarzer Butter	55
Hirn in Kächeli	55
Suppenfleisch	56
Beilagen zum Suppenfleisch	
Essigzwetschgen	57
Eiersalat	57
Gurkensalat	58
Rettichsalat	58
Selleriesalat	58

VI. Gemüse

Grünes Erbsmus	62
Gefüllter Kohl	62
Spinatpudding	63
Laubfrösche	63
Traum	63
Lauchgratin	64
Spargelmiesli	64
Spargelaspik	64
Champignonkuchen mit Käse	65
Gratin Dauphinois	65

VII. Saucen

Béchamel Sauce	70
Cumberlandsauce	70
Hollandaise	70
Senf-Hollandaise	71
Tomatensauce	71
Sauce Velouté	71
Sardellensauce	72
Sardellenbutter	72

Schokoladen-Sauce 72
Vanillesauce 73

VIII. Süßspeisen und Desserts
Dampfnudeln 78
Apfelomelette 78
Äpfelküchli 79
Apfelheu 79
Pommes Anna (Apfel im Schlafrock) 79
Apfel Charlotte 80
Schülerapfel 80
Plattemiesli oder Caramelkopf 81
Ofenküchlein als Dessert 81
Ofenküchleinturm 81
Turmdessert 81
Igel 82
Schokoladenauflauf 83
Seidenmus 83
Quittenpaste 83
Blancmanger mit Kalbsfüßen 84
Orangengelee als Dessert 84
Zitronenmousse 85
Zitronencreme 85
Buttenmostcreme 85
Schwarze und Weiße Creme 86
Himbeer- oder Erdbeer-Creme 87
Gebrannte Creme 87

IX. Kuchen und Gebäck
Blätterteig 92
Dreikönigs-Kuchen zum 6. Januar 92
Sonntagszopf 93

Zopfstern	94
Apfelkuchen Georgine	94
Schokoladenkuchen	94
Zitronentorte	95
Osterfladen	95
Osterhasen	95
Hobelspän	96
Katzenzüngli	96
Quittenschäumli	97
Rahmdäfeli oder Russi	97
Schenkeli	97

X. Leckerli

Basler Leckerli	100
Santiklausen	101
Änisbrötli	101
Brunsli	102
Honigkuchen	102
Zimtsterne	103

XI. Eingemachtes und Getränke

Buttenmost-Konfitüre	108
Zitronenkonfitüre	108
Schnapskirschen	108
Bischoff	109
Punch	109
Hypokras	110

XII. Anhang 114

Liebe Leser,

gerade ein landschaftsbezogenes Kochbuch bedarf der ständigen Erneuerung.
Unsere Autorin, Frau Alex Albrecht, ist eine vorzügliche Kennerin der Basler Küche. Als sie mir bei einem festlichen Mahl in ihrem schönen Haus den langgehegten Wunsch darlegte, die von ihr gesammelten Rezepte einer breiten Leserschaft vorzustellen, war ich gleich begeistert. Ich hatte eine Kochkünstlerin mit Liebe für das Historische entdeckt, die mir vorzüglich geeignet erschien, solch ein Buch zu schreiben. Auch wollte ich meinen besonderen Dank aussprechen für die getane Arbeit; so stand ich geradezu in der Verpflichtung, aus dieser Idee ein schönes Kochbuch zu machen. Ich hoffe, es ist mir gelungen.
Ich möchte jedoch Sie, liebe Leserin und lieber Leser, auffordern, in Zukunft an diesem Buch mitzuarbeiten. So ist es mein Wunsch, daß Sie eventuell eingeschlichene Fehler korrigieren und darüber hinaus für eine Neuauflage weitere Rezepte beisteuern. Sie werden merken, daß gerade unser Verlag ein offenes Ohr für Ihre Ideen und Verbesserungsvorschläge hat. Wenn Sie mir also schreiben, würde ich mich sehr freuen.

Basel, im Juli 1977

Wenn Sie sich für weitere Bücher aus unserem Verlag interessieren, schreiben Sie uns oder fragen Sie Ihren Buchhändler. Nachdem Sie dieses Buch kennengelernt haben, werden Ihnen sicher auch unsere anderen Titel zusagen, wobei Sie diejenigen, die wie das vorliegende Buch auch zur Landschaftsserie gehören, alle zu dem gleichen Preis erwerben können.
Eine kleine Überraschung haben wir noch für Sie. Sie können bei uns eine Schürze aus dem Umschlagstoff dieses Buches, aber auch aller anderen Landschafts-Titel unseres Verlages bestellen, besonders zum Verschenken und Selberschenken, zum Preis von DM 18,–. Sie wird Ihnen bestimmt gefallen!

In unserem Verlag sind erschienen:

Das Brotbackbuch
Das Kochbuch aus Hamburg
Das Kochbuch vom Oberrhein
Das Kochbuch aus Berlin
Das Kochbuch aus München und Oberbayern
Das Kochbuch aus Franken
Das Kochbuch aus Bremen
Das Kochbuch aus dem Münsterland
Das Kochbuch aus Tirol
Das Kochbuch aus Hessen
Das Kochbuch aus Thüringen, Sachsen und Schlesien
Das Kochbuch aus Mecklenburg, Pommern und Ostpreußen
Das Kochbuch aus Schleswig-Holstein
Das Kochbuch aus dem Rheinland
Das Kochbuch aus dem Saarland
Das Kochbuch aus Schwaben
Das Kochbuch aus Niedersachsen
Das Kochbuch aus der Pfalz
Das Kochbuch aus Wien
Das praktische Jagdkochbuch
Das Buch vom schönen Backen
Das Kochbuch aus Kombüse und Pantry

128